PEQUEÑA HISTORIA DEL MUNDO

FERNANDO GARCÍA DE CORTÁZAR

PEQUEÑA HISTORIA DEL MUNDO

Ilustrado por

JVLIVS

ESPASA

Primera edición en este formato: abril, 2013
Quinta edición: febrero, 2015

Ilustraciones: Jvlivs & José A. Calvo
Diseño de cubierta: María Jesús Gutiérrez
Maqueta y diseño de interiores: Elisa R. Mira

Depósito legal: B. 6.110-2013
ISBN: 978-84-670-2494-4

Impreso en España / *Printed in Spain*
Impresión: Huertas, S. A.

Espasa Libros, S. L. U.
Avda. Diagonal, 662-664
08034 Barcelona
www.espasa.es
www.planetadelibros.com

El papel utilizado para la impresión de este libro es cien por cien libre de cloro y está calificado como papel ecológico

A *El Principito* de Saint-Exupéry,
que todavía habita ese planeta de los niños,
al que todos deseamos volver en nuestros mejores días.

Fernando García de Cortázar

Índice

Prólogo

La extraña visita

Sergio no sabe cómo empezó todo. Lo más asombroso es que sus viajes son excursiones al pasado y a lugares lejanos, y que nadie nota su ausencia, ni siquiera su madre. A veces piensa que se trata de sueños. Pero entonces abre el libro que le regaló la musa Clío y recuerda las cosas que sabe gracias a los cuentos que contiene: ***Pequeña historia del mundo.***

No. No es un sueño. Además, el truco para hacer los viajes es muy sencillo, pues son viajes de la imaginación. Basta con pensar un momento en una de las aventuras que ha leído en la *Pequeña historia* y, después, conducir los pensamientos por este o aquel camino. Por ejemplo, hacia la lejana y amurallada Ciudad Prohibida de Pekín. Y entonces ocurre. Primero desaparecen los grises edificios de enfrente y los árboles de la plaza donde juega con sus amigos a la pelota y hasta la misma plaza. Luego ve pasar lugares y gentes como cometas. Al poco tiempo, Sergio se encuentra ante las altas murallas que **custodian** los palacios, las mansiones, los jardines y los templos de la Ciudad Prohibida. Y todo lo que contempla parece real, y muy vivo. Y todo sin haber salido de casa.

Siempre ocurre así. Y a Sergio le gustan esos viajes más que ninguna otra cosa en el mundo. Más que las navidades o incluso que las vacaciones de verano. Por eso, a medianoche, cuando reina el silencio en la casa, recorre, junto a su hermana Blanca, las páginas de la *Pequeña historia del mundo,* buscando más y más aventuras.

¡Qué de lugares, qué de historias se **agolpan** entonces en la mente de Sergio y de Blanca!

Pero contemos el principio. Todas las historias tienen un principio. Y la historia de los fabulosos viajes de Sergio empieza un año atrás, una tarde de invierno.

Sergio se encontraba en su cuarto y estaba a punto de quedarse dormido encima de los deberes del colegio. Tenía unas décimas de fiebre y se sentía algo mareado. Los relojes de la casa acababan de dar las seis. Afuera, en la calle, hacía frío y llovía. A pesar de la hora, la oscuridad era ya casi completa. Sergio podía oír el ruido de la lluvia contra los cristales. Pero poco a poco sentía que el sueño se apoderaba de su cuerpo, cerrándole los ojos: igual que si fuera un pez de colores hundiéndose en un río, hundiéndose más y más en las aguas.

Fue entonces cuando se abrió la ventana de la habitación. Y, al cerrarse, rompió el silencio de la tarde oscura, e hizo que todo el cuerpo de Sergio sintiera un repentino cosquilleo, como si acabara de meterse un caramelo de menta en la boca.

–¿Qué puede ser? –se preguntó con los ojos cerrados, sin ganas de salir del sueño.

–¡Qué día más horrible! –dijo una voz.

Y al momento Sergio abrió los ojos. Junto a la ventana vio a una extraña mujer, hermosa y tan rubia que el **resplandor** de sus cabellos iluminaba el cuarto. Vestía una túnica blanca y unas sandalias muy sencillas, pero lo más llamativo de su aspecto era la corona de laurel que adornaba su pelo. En la mano izquierda llevaba un libro muy gordo, en la derecha un viejo reloj de arena, y del hombro le colgaba un pequeño globo terráqueo y una cartera repleta de escritos.

Si vosotros o yo hubiéramos estado allí nos habríamos sobresaltado y quizá habríamos soltado un grito. Pero Sergio era un niño diferente. Por un lado, le gustaban de verdad los cuentos de fantasmas. Por otro, le encantaba entretenerse con los deberes de historia, imaginar los combates de las legiones romanas o preguntarse cosas como por qué Julio César, que era un general tan sabio, no descubrió a tiempo los planes de sus asesinos. Y lo más importante. Aquella misma semana había visto en la televisión una película sobre un hombre que había construido una máquina del tiempo. Y ese hombre entraba en la cabina del **artefacto** que había inventado y accionaba una palanca y, de pronto, aparecía en la época de los emperadores romanos. Allí vivían mujeres con ropas muy parecidas a las que vestía la extraña visitante.

–¿Eres una mujer romana? –preguntó Sergio, mirando asombrado a la extraña mujer.

–No –respondió ésta. Sus ojos tenían motas doradas, como chispas–. Me llamo Clío, y soy una musa, una diosa de la Antigüedad. Vivo en el Parnaso, un lugar acogedor donde discuten los sabios y poetas de todos los tiempos. Los artistas me han retratado como ahora me ves y muchos han **alabado** mi inteligencia.

Sergio se restregó los ojos, y siguió escuchando.

–Y no es para menos –añadió la musa con **coquetería**–. Porque yo soy la diosa protectora de la Historia. Soy la diosa que guarda la memoria del mundo. La que conserva los relatos de todos los lugares y de todas las épocas. La que detrás de un «Érase una vez» dice otro «Érase una vez» y otro y otro. La que tiene la mirada siempre puesta en la lejanía y pregunta a todas horas: «¿Cuándo fue? ¿Cómo fue? ¿Por qué fue así?». La que recuerda todo lo que ocurre en el mundo para evitar que el olvido pueda borrarlo. Yo, Clío, soy la diosa que cuenta las aventuras y maravillas más increíbles, pero tan reales como lo es tu vida o la de tu querida hermanita. Yo **registro** cada aventura, cada monumento, cada pensamiento, para que nadie piense después que sólo fueron un sueño. Mis ojos son una lámpara que ilumina el camino del pasado, cada vez más y más atrás, cien años, quinientos años, dos mil años, cinco mil, diez mil.

Ésas fueron las palabras de la musa. Y Sergio no apartó la mirada de la extraña visitante durante todo aquel **discurso.**

–Yo, Clío –añadió la musa–, he estudiado las ilusiones de todos los hombres, he andado todos los caminos, he visto todos los reinos de todas la épocas del mundo, he navegado todos los mares y pisado infinitas **riberas.**

Sergio tenía la costumbre, cuando se ponía pensativo, de meter las manos en los bolsillos. Y así lo hizo esta vez, antes de preguntar:

–¿Viajas mucho?

–Todo el rato –sonrió la musa.

–¿Y cómo viajas? –preguntó Sergio–. ¿Cómo has llegado aquí?

–En alas del viento –replicó la musa–. Y ahora –añadió sin dar tiempo a más preguntas– respóndeme a una sola cosa. ¿Te gustan los cuentos?

–Sí. Me gustan mucho –dijo Sergio con brillo en los ojos–. Pero ¿por qué las musas se pasean por la tierra? ¿Por qué has venido a mi casa?

–He venido aquí esta noche para anunciarte la visita de seis sabios –dijo la musa con aquellos extraños ojos suyos de motas amarillas– y para decirte que te esperan viajes y cuentos maravillosos. Aguarda al primer sabio. Él te llevará a lugares asombrosos y te contará mil y una historias sobre gentes que vivieron hace mucho, mucho tiempo. Te enseñará las pirámides de Egipto y la gran biblioteca de Alejandría. Te hablará de un rey muy poderoso que quiso azotar el mar con un látigo y de otro que ordenó que quemaran todos los libros anteriores a él. Te contará cuentos de soldados victoriosos y también **anécdotas** del pueblo que construyó los primeros teatros del mundo.

–¡Oooh!

–Y, oye, Sergio, hay romanos.

–¡Romanos! ¿Y emperadores?

–También.

–¡Oh, qué maravilla ver un emperador romano de verdad!

Sergio estaba muy emocionado, pero dijo:

–¡Ay, no puedo ir! Piensa en mamá y papá. Piensa en Blanca. Me echarían mucho de menos. Además, no sé hacer la maleta.

–No te hará falta. Los viajes de los que te hablo son viajes con la imaginación. Levántate y ven aquí; acércate a la ventana.

–¿Llueve todavía? –preguntó Sergio.

–Ven a ver –respondió la musa Clío.

–Preferiría que no lloviera –lamentó Sergio, decepcionado–. Mañana no podré jugar en la plaza.

La musa Clío miró a Sergio, luego hacia la calle, y a continuación abrió la ventana.

–¡No, no; no hagas eso! –exclamó Sergio

Pero se calló enseguida, porque al mirar afuera no vio lluvia ni negros árboles invernales ni oscuros edificios como fantasmas. En su lugar, vio una suave niebla que olía a **hierbabuena;** y un rascacielos moderno; y un campo rodeado de alambradas; y un avión arrojando bombas sobre una ciudad en llamas; y un tren; y un barco de vapor; y el palacio de los Habsburgo en Viena. Y más lejos, acariciando el horizonte, donde destacaba la gran pirámide del faraón Keops, vio las carabelas de Cristóbal Colón; y la sonrisa de la Mona Lisa; y un castillo sobre una colina; y los fieros jinetes de Atila; y un hombre muerto en una cruz; y el Coliseo de Roma; y la gran muralla china; y la Acrópolis de Atenas; y los jardines colgantes de Babilonia.

–¡Vaya! –exclamó Sergio–. ¡Sí que es maravilloso! Nunca había visto nada parecido.

–Eso es porque estoy aquí contigo –explicó la musa Clío–. Pero lo que ves ahora sólo es un pequeño adelanto de todas las cosas que podrás ver en compañía de los seis sabios que van a visitarte.

La musa se colocó otra vez delante de la ventana.

–Y, ahora, cierra los ojos –dijo de pronto, mirando a Sergio con sus extraños ojos de motas doradas–. Debo irme.

Y dicho esto, la musa Clío se **esfumó.** Y la tarde volvió a ser como había sido antes de su extraña aparición. Y Sergio, que estaba muy cansado y tenía algo de fiebre, se fue directamente a la cama, sin ponerse el pijama. Y cayó dormido al instante.

La Antigüedad

El primer sabio

Era antes del **alba.** Sergio abrió, cerró los ojos, estiró el brazo hacia el despertador, que no había sonado. Llevaba un tiempo despierto. Había dormido mal y ahora estaba cansado. Recordaba que la noche anterior se había acostado vestido, sin cenar. Recordaba que su madre le había puesto el pijama poco después y que le había regañado por ser tan descuidado. Y por supuesto, también recordaba la visita de la musa Clío. Y pensaba y pensaba en las cosas maravillosas que le había anunciado. Y cuanto más pensaba, más **perplejo** se sentía. ¿Habría sido sólo un sueño?

Pero no había sido ningún sueño. Sergio pudo comprobarlo enseguida, cuando las primeras luces del día entraron en el cuarto y se incorporó a medias en la cama. De pronto se encontró, cara a cara, con un extraño anciano. Al igual que la diosa Clío, el nuevo visitante vestía una larga y ancha túnica y calzaba unas sandalias sencillas. Sus cabellos eran blancos y su rostro, muy flaco, cubierto por una negra barba repleta de canas, estaba pálido. Aunque parecía cansado, en sus ojos ardía una gran fuerza, un soplo de juventud.

–Es la hora –dijo sonriendo el anciano. Su voz era ronca y tranquila–. El mundo nos espera.

Sergio recorrió el cuarto con la vista. El extraño anciano y él estaban solos.

–¿Quién eres? –preguntó Sergio, frotándose los ojos–. ¿Eres el sabio de quien me habló la musa Clío?

–Soy Heródoto, el primer historiador de la Historia. Y vengo de un tiempo muy, muy lejano, una época que tus padres y tus profesores llaman Antigüedad. Mi patria es Halicarnaso, una ciudad junto a una **bahía** que imita un **anfiteatro,** un lugar muy hermoso del mundo. Allí, Asia se encuentra con el Mediterráneo. Allí, cuando yo era un niño, descansaban los barcos de los mercaderes fenicios venidos de Sicilia, los griegos que habían salido de Atenas y los egipcios que llegaban del Nilo. ¡Ah! –suspiró el anciano–, Halicarnaso tuvo siempre un hueco en mi corazón, pero lo mejor de mi vida son los muchos viajes que hice; y también los años en que gocé el placer de la escritura. ¡Y he escrito sobre tantas cosas! Todo lo que han visto mis propios ojos y que yo he comprobado que es verdad. Todo eso está en un libro que redacté hace más de dos mil años.

–¿Y vas a hablarme de esos viajes? ¿Vas a contarme las historias que has escrito? La musa Clío dijo que me enseñarías cosas maravillosas –insistió Sergio, ya completamente **espabilado.**

–Maravillosas, sí –repitió el viejo Heródoto. Y con una nube de tristeza en la mirada, añadió–: Y a veces también espantosas.

Hubo un pequeño silencio, que el anciano rompió otra vez con su ronca voz:

–Los días del futuro aparecen ante nosotros como una fila de velas encendidas. Los días del pasado, y sobre todo los viejísimos días de los cuentos que voy a contarte, son como una larga fila de velas torcidas, rotas. Ni las más cercanas humean ya. Levántate, y escucha. Te hablaré de los días en que las lejanísimas ciudades y gentes de la Antigüedad brillaban en todo su **esplendor.** Ven.

Sergio retiró las mantas y salió de la cama. Heródoto había ido hasta la ventana. Miraba a la calle. Sergio se reunió con el anciano, y entonces Heródoto dijo...

Tierra de faraones

–La primera de mis historias empieza junto a un gran río, el río más largo de la tierra: el Nilo, que está en África, y que mientras discurre hacia el Mediterráneo atraviesa el caluroso

Egipto. Aquí, en el norte de África, rodeada de desierto, nació una de las primeras y más misteriosas **civilizaciones** del mundo: la civilización del antiguo Egipto. Ocurrió tres mil años antes de Cristo.

Eso dijo Heródoto. Y las palabras del anciano trajeron a los ojos de Sergio la imagen de un río muy ancho, con las orillas salpicadas de palmeras y casas con techos de junco.

–Las orillas del Nilo dieron de comer a los habitantes del antiguo Egipto. Todos los años, el Nilo se desbordaba, inundando parte del país, alcanzando las casas y hasta los muros de los templos. Cuando las aguas se retiraban, la tierra quedaba empapada por un barro **fértil** y se ponía muy verde. Los campesinos aprovechaban ese momento para sembrar el cereal del que dependía la vida y la **prosperidad** de los egipcios –siguió contando Heródoto, y escuchar su voz era como navegar por las verdes aguas del Nilo.

Al otro lado de la ventana, mientras hablaba el anciano Heródoto, Sergio veía hacer sus trabajos a las sencillas gentes del antiguo Egipto. Y las vio cazar patos en el Nilo con grandes redes y remar en sus barquitas y pescar con grandes lanzas y llevar agua a los canales para mantener los campos verdes y recoger cereales a un lado y a otro del gran río. Y de repente, en la orilla del Nilo, apareció la maravillosa ciudad de Tebas: la ciudad de las cien puertas, con sus templos y palacios, y con las cabañas de los pobres que se extendían hasta donde se perdía la vista.

–El Nilo enriqueció tanto a Egipto que el país llegó a ser muy, muy poderoso. Sus ejércitos sometieron a muchos países –dijo Heródoto–. Y con la riqueza de esas conquistas sus reyes levantaron ciudades impresionantes. Ésta que ves ahí –señaló el anciano– es Tebas, el centro del antiguo Egipto durante más de dos mil años.

–¡Tebas! –exclamó Sergio.

–Aquí reinó el lujo, la riqueza y el esplendor de los egipcios. Los graneros estaban repletos de cereal en los años de buena cosecha y los extranjeros acudían a la ciudad para comerciar. Aquí siempre había arquitectos inventando construcciones, y miles de artesanos trabajando el cobre, la madera, finos tejidos y piedras preciosas. Aquí abundaban los escribas, que conocían el nuevo arte de la escritura: el arte de los jeroglíficos, del que te hablaré en mi segunda historia. Aquí vivían los más valerosos generales del ejército y los sacerdotes de cabeza rapada que custodiaban los costosos templos construidos en honor del rey de Egipto.

–¿Y quién era ese rey? –preguntó Sergio intrigado.

–El faraón –dijo Heródoto–, que mandaba sobre todos los egipcios y vivía en un inmenso palacio de piedra, con enormes columnas y muchos patios. Todos creían que el faraón era un dios y lo adoraban y respetaban como a un dios. Todos debían hacer lo que quería el faraón y trabajar para él cuando lo deseaba, porque pensaban que sin su bendición no podían crecer las aguas del Nilo. ¿Has oído hablar de las pirámides?

–¡Ah –exclamó Sergio pensativo–, las pirámides!

–Mira –señaló con la cabeza, y de pronto desapareció Tebas, y muy a lo lejos, en medio de la ardiente arena, los ojos de Sergio vieron alzarse una sorprendente y gigantesca montaña de piedra–. Ésa es la gran pirámide del faraón Keops –dijo Heródoto.

Y a continuación, añadió:

–La gran pirámide se edificó doscientos años después de que el faraón Yoser ordenara levantar la primera de estas fabulosas construcciones. Keops vivió en el 2500 **a.C.** y ordenó que todos sus **súbditos** participaran en la construcción de su pirámide. Y así fue. La gran pirámide mide ciento treinta y siete metros de alto y puede verse desde una grandísima distancia. Para construirla, el faraón necesitó el esfuerzo de miles y miles de esclavos y también de miles de agricultores: cien mil en total. Hubo que cortar pesados bloques de piedra y granito en las **canteras** del país y transportarlos en balsas al lugar de construcción, cerca de la vieja Menfis. Allí, hábiles artesanos **cincelaban** las enormes piedras. Otros trabajadores arrastraban esas piedras sobre rodillos y largas rampas de tierra. Y otros colocaban unas encima de otras para formar la mole que ves. Fue una **proeza.**

–¿Y por qué querían construir los faraones esas pirámides? –quiso saber Sergio.

–Eso tiene que ver con las **creencias** de los egipcios, que parecían enamorados de la muerte –respondió Heródoto espantado por el tamaño de la imponente **esfinge,** mitad león mitad hombre, que descansaba delante de la gran pirámide–. Los hombres y mujeres de Egipto creían que había vida después de la muerte, que el alma recuperaba su cuerpo en la tumba, comía y gozaba de las riquezas que había acumulado. Por eso, los más ricos se enterraban con sus tesoros. Y por eso, la mayor

alegría y esperanza de los egipcios era pensar que sus cuerpos se conservarían después de morir. Para estar seguros, los egipcios **embalsamaban** los cadáveres. Y esto se hacía en las cavernas de la Casa de la Muerte. Allí los maestros embalsamadores frotaban los cadáveres con **ungüentos** preciosos y jugos de plantas medicinales; luego los envolvían en largas tiras de tela; y después los metían en grandes **ataúdes.**

–¡Hacían momias! –se apresuró Sergio.

–Así es –confirmó Heródoto–. Y las pirámides son tumbas reales, el lugar donde el faraón se hacía enterrar momificado, rodeado de abundantes manjares, infinitos tesoros y de una misteriosa oscuridad.

Heródoto hizo este último comentario y, al momento, bajo la suave luz de varias antorchas, el pequeño Sergio vio los bellos y vivos colores de las pinturas que adornaban la tumba de

un faraón, vio el **sarcófago** donde yacía su momia y donde el rey de los egipcios dormía el sueño de los muertos. Y, a pesar de las infinitas riquezas, lo que más llamó la atención de Sergio fue la forma de las figuras allí representadas: siempre colocadas de perfil.

–Es hermoso –dijo con un pequeño temblor de voz.

–Los egipcios tenían un secreto que no olvidaron en tres **milenios** –observó Heródoto, cambiando otra vez de tema–. Temían y odiaban los cambios. Y los evitaban siempre que podían. Todo lo antiguo era sagrado para los egipcios.

–¿Sagrado? –preguntó Sergio.

–Sí, sagrado –respondió Heródoto, y añadió, pensativo–: Hubo invasiones: un pueblo asiático, montado en carros de guerra tirados por caballos y armado con hachas, conquistó una vez Egipto y gobernó en él durante un siglo. Los egipcios llamaron a esos conquistadores hicsos, que significa 'gobernantes de tierras extranjeras'. Hubo años de **caos,** y guerras, y rebeliones, y los gobernantes tuvieron que estar alerta. Hubo asesinatos, terribles crímenes, desastres y épocas de hambre. Pero los antiguos egipcios jamás abandonaron sus costumbres. Hubo incluso un joven faraón que quiso romper con las tradiciones y desafió a los dioses y al **destino.** Fracasó.

–¿Un faraón? –preguntó Sergio.

–Sí, un faraón. Se llamaba Amenhotep IV, y vivió en el año 1350 a. C. Los egipcios creían en muchos dioses y los sacerdotes se encargaban del culto en los templos, pero esta tradición le parecía ridícula al joven y extraño faraón. Por eso, al iniciar su reinado, dijo al pueblo de Egipto que sólo había un dios, que era el Sol, Atón. «Sólo a él debéis rezarle –dijo el faraón–. Porque Atón crea y mantiene todo, es el sol, que brilla en todas partes y al que se pueden dirigir todas las criaturas de la tierra», repetía el faraón. Y él mismo, para demostrar su amor al único dios verdadero, dio ejemplo cambiándose el nombre: a partir de ese momento se llamaría Akhenatón, que quiere decir 'El que sirve a Atón'. Y durante un tiempo el faraón hizo lo que quiso. Se mantuvo fuerte en el trono. Todos los nombres de los antiguos dioses fueron borrados del país y sus templos cerrados, o **consagrados** al nuevo dios.

–¿Y por qué fracasó? –quiso saber Sergio.

–Porque los problemas vinieron muy pronto. Akhenatón descuidó el gobierno y su ejército. Los enemigos de Egipto no respetaron las fronteras y atacaron. Y quizá lo más importante: los sueños del faraón no gustaron a los sacerdotes, que eran los guardianes de la **tradición** y tenían mucho, mucho poder. Tampoco gustaron demasiado a la gente, que prefería seguir pensando lo que había pensado durante milenios. Los últimos días del reinado de Akhenatón fueron días de tristeza, de rebeliones y arrepentimientos, de lágrimas y de temor a la cólera de los dioses ignorados. Las cosas fueron de mal en peor, y al faraón se le escapó el poder.

–¿Y qué más? –preguntó Sergio.

–Los egipcios volvieron a sus tradiciones –dijo Heródoto–. Y todo continuó como antes. Los sacerdotes rezaron otra vez a los dioses antiguos, y el país mostró nuevamente su fortaleza. Tebas siguió deslumbrando a los viajeros con sus templos como ciudades, sus mercados llenos de vendedores y mercancías, sus hombres de paz y de guerra, sus escribas y embalsamado-

blanco resplandor del antiguo Egipto siguió brillando
Nilo mil años más.

Tierra de estrellas

A Sergio le dio pena la soledad de Akhenatón. Aún estaba sumergido en la tristeza de aquel joven y extraño faraón, cuando Heródoto empezó su segunda historia:

–Egipto enseñó a vivir en grupos a muchos pueblos de la Antigüedad –dijo el anciano después de meditar unos instantes–. Pero los egipcios no fueron los primeros en reunirse dentro de ciudades amuralladas ni tampoco en levantar grandes templos para adorar a los dioses.

–¿No? –resopló Sergio–. ¿Y quienes fueron? –preguntó con curiosidad.

–Ésos fueron los sumerios –dijo Heródoto–, que vivían en el Próximo Oriente, no muy lejos de Egipto, en Mesopotamia. Allí también ardía el sol y hacía mucho calor. Pero en vez de un río, había dos: el Tigris y el Éufrates. Y Sumer, el país de los sumerios, estaba entre esos dos ríos, cerca del Golfo Pérsico.

Sergio vio anchos valles y dos ríos que **serpenteaban** entre montañas. Y lo vio como si estuviera en el cielo. Como si volara. Y muy pronto aparecieron unas murallas, más altas y fuertes cada vez, porque cada vez Sergio se acercaba más y más a ellas. Igual que si sus ojos fueran los ojos de un avión que desciende y aterriza muy despacio.

–Los sumerios eran un pueblo de campesinos y comerciantes que rezaba a cientos de dioses –continuó Heródoto–. Y los sacerdotes eran tan importantes en Mesopotamia como en Egipto. Todas las ciudades de los sumerios, y hubo muchas, y muy pobladas, tenían un templo: un zigurat.

–¿Un zigurat? –repitió Sergio. Y disgustado, porque no había comprendido lo que el anciano había querido decir con esa palabra, añadió.–: Nunca he visto un zigurat.

–Escucha –dijo Heródoto con calma–. Los sumerios rezaban al Sol, a la Luna y a los planetas, y para que los sacerdotes estuvieran más cerca de esos dioses construían grandes torres. Esas torres eran como pirámides, pero con la punta plana, con enormes escalinatas y amplias terrazas. Fíjate bien –señaló Heródoto–: ésa es la ciudad de Uruk. Y esa torre que ves alzarse a lo alto, sobresaliendo entre las murallas, es un zigurat. Tienes que pensar que los sumerios de Uruk construyeron ese zigurat muchos siglos antes que los egipcios las primeras pirámides.

Heródoto quedó satisfecho al ver iluminarse el rostro del pequeño Sergio. Y añadió:

–Los sumerios también utilizaban las terrazas del zigurat para observar el curso de los **astros,** pues pensaban que los movimientos de los planetas y las estrellas podían influir en las vidas de las personas. Si el Sol cuidaba del día, y la Luna estaba a cargo de la noche, ¿por qué esas poderosas fuerzas no iban a influir también en los destinos humanos? Eso se preguntaban los sumerios. Y por eso observaban con atención el cielo estrellado. Y como eran personas de mente clara y muy despierta se convirtieron en los primeros **astrólogos** de la historia y llegaron a predecir los **eclipses** de luna con mucha anticipación.

–Una vez vi uno –interrumpió Sergio al anciano–. Fue muy bonito. La luz de la luna se apagó de pronto, como una lámpara estropeada.

Heródoto asintió con la cabeza. Después, continuó:

–Los sumerios eran un pueblo muy imaginativo. Y los éxitos que alcanzaron en Uruk y en otras ciudades cambiaron el mundo para siempre. Los sumerios utilizaban ladrillo para edificar y construyeron canales para transportar el agua por las calurosas llanuras de Sumer. También fueron ellos los que inventaron la rueda de madera. Tirados por bueyes, sus carros podían desplazar pesos que anteriormente necesitaban la fuerza de una fila de hombres.

Eso dijo Heródoto. Y añadió:

–De todas las invenciones de la historia ninguna ha sido tan importante como la escritura. Y los primeros en utilizarla también fueron los sumerios. Pero no te equivoques: los sumerios no escribían como tú. Las palabras de los sumerios eran dibujos. **Símbolos,** en realidad. Por ejemplo: «un huerto» se escribía dibujando dos árboles dentro de un recipiente; «tres bueyes», dibujando la cabeza de un buey con tres palitos; y «una mujer esclava» poniendo un triángulo junto a tres semicírculos. Los escribas sumerios **trazaban** esos dibujos con las cañas de los juncos que crecían en los pantanos. Y sobre tablillas de arcilla húmeda. Los mismos escribas tenían que saber cómo preparar la arcilla para escribir y cómo calentar después las tablillas, que debían secarse y endurecerse para ser conservadas en las bibliotecas.

Heródoto, que estaba muy satisfecho con el atento silencio de Sergio, continuó:

–Al principio los sumerios sólo utilizaron la escritura para anotar los alimentos y objetos que los sacerdotes guardaban en los templos. Pues los templos eran también los almacenes de las ciudades, y los sacerdotes debían hacer la cuenta de lo que tenían, de lo que recibían y de lo que entregaban. Pero muy pronto los sumerios descubrieron que se podían hacer otras cosas con la escritura. Los sacerdotes empezaron a componer **himnos** a los dioses. Los reyes hicieron grabar las leyes que dictaban a sus **súbditos.** Los más **vanidosos** hicieron escribir sus nombres y sus actos con la esperanza de que no se olvidaran jamás. Y los escribas más sabios redactaron las fabulosas leyendas que se contaban en Sumer.

–¿Y los egipcios? –preguntó Sergio, que aún recordaba a los escribas de la ciudad de Tebas–. Ellos también sabían escribir.

–Los egipcios –respondió Heródoto– oyeron hablar del nuevo arte de la escritura y lo mejoraron más tarde. Sustituyeron la arcilla por una planta que crecía en los pantanos del Nilo, el papiro. Los inteligentes egipcios convertían el papiro en una **lámina** muy adecuada para conservar las marcas del lápiz de junco. También escribían en las columnas de los templos y en las paredes de las tumbas, que cubrían de símbolos mucho más hermosos que los sencillos signos sumerios. Los llamamos jeroglíficos.

Sergio recordó entonces la tumba del faraón y los maravillosos dibujos que había visto allí. Aquello le había parecido muy hermoso. Pero el anciano Heródoto ya estaba preparado para sorprender otra vez al pequeño curioso.

–A diferencia de Egipto, el país de los sumerios casi nunca estuvo gobernado por un solo rey. La mayor parte del tiempo las ciudades sumerias peleaban por el derecho a existir y se hacían la guerra unas a otras. Un **proverbio** sumerio decía: «Tú vas y coges tierra de tu enemigo; tu enemigo viene y coge tu tierra». Con el tiempo, las guerras debilitaron Sumer. Y al final, quienes vinieron y conquistaron el país de los sumerios fueron los asirios y los babilonios, dos pueblos que también habitaban la fértil Mesopotamia. Eso ocurrió en el 1750 a. C.

Sergio miró con ansiedad por la ventana. Y de pronto apareció Nínive, la más impresionante de las capitales asirias. Y al mismo tiempo Sergio vio el gran **acueducto** que traía el agua del Tigris a los pozos, prados y huertos de aquella ciudad. Y un poco después, entre las casas de ladrillo y las calles polvorientas, vio el palacio del cruel Senaquerib. Y los extraños y colosales toros de piedra que vigilaban las puertas: toros con alas y con cabezas de monarcas barbudos. Y también los admirables **relieves** en los muros, que mostraban los caballos y carros conducidos por el fuerte brazo de Senaquerib en medio de una cacería de leones.

–¡Nínive! –exclamó Heródoto. Y añadió–: Nadie puede decir que los asirios no sabían construir ciudades hermosas. No obstante, si fueron famosos lo fueron por su crueldad.

–Me dan pena esos leones –dijo Sergio, que no podía apartar los ojos de aquellos hermosos leones atravesados por las flechas, presas del sufrimiento–. Parecen tan inocentes.

Pero Heródoto prefería hablar de las batallas de los asirios. Dijo:

–Con sus espadas y jabalinas de hierro, con sus carros tirados por caballos y sus arqueros montados, los asirios convirtieron la guerra en un terrible arte –explicó Heródoto–. Y sus soldados fueron los primeros y más avanzados maestros en el empleo de la más mortal de las armas: el terror.

–¿El terror? –preguntó Sergio, que aún miraba con tristeza los relieves de los leones.

–Sí, el terror. Los asirios fueron muy poderosos: su imperio se extendía desde el mar Caspio hasta el Golfo Pérsico. Y duró más de mil doscientos años. Los asirios fueron tan poderosos que incluso tuvieron el atrevimiento de intentar la conquista de Egipto.

–¡Egipto! –exclamó Sergio.

Pero Heródoto siguió hablando de la crueldad de los asirios:

–Cuando los asirios conquistaban una ciudad que no había querido rendirse por las buenas, descargaban toda su furia contra los habitantes para que sirviera de aviso a otras ciudades. Los torturaban y mataban, cortaban sus cabezas y hacían pirámides con ellas. Y todo ello lo **grababan** después en las columnas y muros de sus palacios. Y lo recordaban en las **crónicas** de los reyes.

Sergio seguía espantado por los relieves del palacio de Nínive. Los dibujos egipcios eran bonitos y graciosos. Los asirios, en cambio, eran **espeluznantes.** El rey llevaba barbas largas y rizadas y pelo negro y con **bucles,** y casi siempre aparecía cazando. Y luego estaban los carros de guerra poniendo en fuga a pueblos extranjeros y soldados asaltando fortalezas y enemigos presos y atados de pies y manos, arrodillados ante el rey. Mientras contemplaba las terribles escenas grabadas en los muros, a Sergio le pareció oír silbar las flechas y oler el humo de los incendios y escuchar los **alaridos** de los moribundos y los gritos de los niños destrozados.

–Toda esa violencia que descargaron los asirios sobre sus vecinos ayudó a crear su gran imperio –añadió Heródoto–, pero también alimentó un odio furioso contra Asiria. Por eso, cuando los ejércitos asirios fueron por fin derrotados, sus enemigos, que eran muchos, no dejaron ni las cenizas de Asiria. Nínive fue arrasada. Y desapareció para siempre. Ocurrió el año 612 a. C.

Sergio no lamentó la destrucción de Asiria. No le gustaban los asirios. Le parecían malos y muy crueles. Y además, seguía apenado por los leones.

–El imperio rival, gobernado desde Babilonia –continuó contando Heródoto–, no estaba menos avanzado en el arte de la guerra que los asirios. Los babilonios eran buenos soldados como lo eran los asirios. Fueron los primeros en conquistar Sumer, y como los asirios, se aprovecharon de su sabiduría.

–¿También construían templos? –preguntó Sergio.

–Muchos –respondió Heródoto–. Sólo en la capital, Babilonia, había mil. Y también utilizaban sus terrazas para estudiar los planetas.

Aunque sólo hacía un momento que Nínive se había convertido en ruinas delante de los ojos del pequeño Sergio, éste vio ahora las imponentes murallas de la interminable ciudad de Babilonia.

–El último rey poderoso de los babilonios fue Nabucodonosor, que murió en el 562 a. C y reinó durante cuarenta años –dijo Heródoto–. Nabucodonosor se hizo famoso por sus campañas de guerra. Atacó Egipto. Luchó contra los fenicios, un pueblo muy conocido porque sus barcos navegaban por todo el Mediterráneo. Logró muchas victorias y esclavizó muchos pueblos. Y fue durante su reinado cuando Babilonia se convirtió en la fabulosa ciudad que vieron mis ojos hace mucho tiempo.

Heródoto habló entonces de las construcciones que Nabucodonosor ordenó levantar en Babilonia. Habló de la imponente puerta de Isthar, decorada con ladrillos azules y relieves de toros y dragones. Habló de la larguísima calle central, bordeada por muros con imponentes leones en relieve, una avenida por la que iban y venían carros y personas, y en la que había mucho jaleo. Habló del inmenso palacio del rey. Y de los jardines maravillosos que parecían suspendidos en el aire: los famosos jardines colgantes, que Nabucodonosor ordenó levantar para agradar a una de sus esposas extranjeras. Ella odiaba la tierra llana de Babilonia y añoraba las colinas de su patria. Y por eso, para acabar con su tristeza, Nabucodonosor hizo construir una colina artificial dentro de la ciudad, llena de árboles y flores.

Todo eso vio Sergio mientras Heródoto hablaba y hablaba de Babilonia. Y también un gran zigurat de cien metros de alto.

–Babilonia –concluyó Heródoto– fue la mayor ciudad del mundo en tiempos de Nabucodonosor. Y también la más inteligente, pues todas las ciencias y las artes acumuladas por los sumerios estaban disponibles en Babilonia. Su triunfo brilló sobre Mesopotamia, y lo hizo con tanta fuerza que la mayor parte de la tierra situada entre los ríos Tigris y Éufrates fue llamada Babilonia durante todos los siglos restantes de la Antigüedad.

El pueblo de la Biblia

–Mi tercera historia sucede entre Egipto y Mesopotamia –dijo Heródoto–. Transcurre en una región que fue conquistada y dominada por los egipcios y, luego, por los asirios y los babilonios y, después, por los persas y, más tarde, por los romanos: la seca y árida Canaán. Presta atención, pequeño Sergio, es la historia del pueblo hebreo, que significa el pueblo **errante,** el pueblo que pasa. Es la historia del pueblo judío. Y merece la pena que la escuches porque los judíos fueron el primer pueblo que rezó a un solo Dios. Y también el primero en enamorarse de su historia, que contaban y volvían a contar, y que al final recogieron en los extraordinarios relatos de la Biblia. Y también merece la pena que me escuches porque la religión de los judíos influyó después en las religiones de miles de millones de personas.

Heródoto comprobó que Sergio estaba intrigado, y continuó:

–Durante gran parte de su historia los hebreos no tuvieron patria fija. Pueblo de pastores, conducían sus rebaños de pradera en pradera: los adultos caminando, los burros cargando las tiendas y los niños, y las ovejas y el resto del ganado, pastando. No doblaban las rodillas para labrar la tierra ni tenían una ciudad. Todos los demás pueblos oraban a una multitud de dioses. Los hebreos, no. Los hebreos eran diferentes: rezaban a un único Dios, Jehová, creador del mundo y de los seres humanos. Para los hebreos ese Dios era eterno y lo podía todo, y pensaban que les protegería y dirigiría siempre, a condición de que obedecieran sus mandamientos.

Heródoto señaló al pequeño Sergio una caravana de pastores caminando por una tierra reseca y dura.

–La historia de los hebreos –dijo a continuación– es muy larga. Y a menudo está llena de sangre, sudor y lágrimas. Esclavizados en Egipto, al final consiguieron escapar guiados por su jefe Moisés. Lejos, por fin, del látigo del faraón, los hebreos caminaron hacia la tierra que ellos decían que Dios les había prometido: Canaán, hoy Israel. Pero no fue fácil alcanzar Canaán. Antes, Moisés y su pueblo tuvieron que atravesar el desierto del Sinaí, donde la piedra y la arena humeaban de calor y era muy difícil encontrar agua y comida. Moisés murió sin pisar la tierra prometida, pero su muerte no cambió en nada el destino de su pueblo.

Heródoto hizo una pausa. Luego, dijo:

–Poco después de que muriera Moisés, los hebreos asaltaron y conquistaron Canaán. La Biblia dice que destruyeron Jericó y exterminaron a los cananeos. Después, alrededor del año 1000 a. C., los hebreos vivieron años de gloria gobernados por el rey David. Fue este rey quien convirtió Jerusalén en la capital del pueblo hebreo. Su sucesor, Salomón, ordenó construir un magnífico templo sobre la colina de la ciudad. Allí, en lo más profundo, en lo más sagrado, se guardaban las tablas con los Diez Mandamientos.

Tierra rojiza, piedras, olivares plateados y grises, pinares de un verde polvoriento, higueras... eso veía ahora Sergio. Y al fondo una ciudad, ¡Jerusalén!, la ciudad santa de los hebreos. La luz del sol brillaba en la piedra **caliza** de sus murallas como en bloques de sal.

–Tras la muerte de Salomón, las cosas cambiaron para los hebreos –siguió contando Heródoto–. El reino se hundió y dividió en dos: Israel, al norte, y Judea, al sur. Poco a poco, todo fue a peor. Hubo muchas luchas. Los hebreos de Israel y Judea tuvieron que hacer grandes esfuerzos para salvar su libertad frente al poderoso Egipto de los faraones y a los imperios de Mesopotamia. Fue entonces –añadió Heródoto con misterio– cuando los profetas alzaron su voz.

–¿Los profetas? –preguntó Sergio.

–Los profetas eran unos **predicadores** que afirmaban **revelar** con sus propias palabras la voluntad de Dios. Cuando hablaban en medio del pueblo denunciaban la maldad, las oraciones vacías de los sacerdotes y la **hipocresía** de la gente. Uno de ellos, Amós, criticó así al rey y a los poderosos de Israel: «Venden al justo por dinero y al pobre por un par de sandalias; pisan contra el polvo de la tierra la cabeza de los pobres». Los profetas dieron a sus oyentes una imagen diferente de Dios. «Sí –predicaban los profetas–, Dios exige nuestras oraciones, pero no quiere nada de los falsos y perseguidores de pobres». Todos los profetas anunciaban el terrible destino que podía caer sobre el pueblo hebreo si continuaba alejándose de Dios. Y todos anunciaban también el perdón que llegaría después de la **anarquía** y la derrota.

–¿Y qué ocurrió? –preguntó Sergio.

–Las advertencias de los profetas se cumplieron. Los asirios conquistaron y aniquilaron el reino de Israel en el año 722 a. C. El pequeño reino de Judea sobrevivió pagando un impuesto, pero en el año 586 a. C. Nabucodonosor arrasó Jerusalén, incluido el templo, y se llevó a los judíos a Babilonia, cautivos.

–¡Ah, Babilonia! –recordó Sergio–, la ciudad de los jardines colgantes.

–Sí... Babilonia –suspiró Heródoto–. Allí permanecieron casi cincuenta años. Y allí, en Babilonia, donde florecía la sabiduría, los judíos realizaron un hecho nunca visto hasta entonces.

–¿Nunca? –repitió Sergio.

–En aquel tiempo lejano se pensaba que cuando un pueblo era derrotado, sus dioses lo eran también, y cuando un pueblo era arrancado de su hogar, moría como pueblo y sus dioses morían con él. Pero eso no ocurrió con los judíos –dijo Heródoto–. Habían perdido su tierra y su templo, pero los profetas afirmaban que no había sido porque su Dios fuese débil o hubiese sido vencido. Solamente estaba disgustado y quería castigar a los judíos. Los profetas tuvieron éxito al hablar de esta manera: convencieron a su pueblo. Por eso, cuando los judíos pudieron regresar a su patria y reconstruir el templo de Jerusalén, eran otras personas. Eran diferentes de todos los pueblos de su alrededor. Fue entonces cuando sus sabios reunieron en un libro los relatos de la Biblia. Un maravilloso libro que dio a los judíos lo que les faltaba a los egipcios y a las gentes de Mesopotamia: una memoria, la historia de su propio pueblo.

Historia de dos sabios

Con cada historia de Heródoto, el pequeño Sergio descubría algo nuevo de la Antigüedad: sobre las ciudades, sobre las costumbres, sobre sus desgracias. Fue así como Sergio conoció las enseñanzas de dos sabios que vivieron en torno al 500 a. C. en las lejanas tierras de Asia: en la India y China.

–Más o menos por las mismas fechas en que los judíos regresaban a Jerusalén y componían la Biblia –dijo Heródoto– vivió en la India un hombre santo que fue diferente de todos los demás.

–¿Un hombre santo? –repitió Sergio en voz baja.

–Se llamaba Sindharta Gautama –continúo Heródoto– y era hijo de un rajá que vivía en las llanuras del río Ganges.

–¿Qué es un rajá? –preguntó Sergio.

–Un rey con palacios muy hermosos, muy grandes y con extrañas formas –respondió Heródoto. Y añadió–: El rajá quería mucho a su hijo Sindharta y deseaba que viviera siempre en medio del lujo y la riqueza, rodeado de la música más bonita y, por encima de todo, alejado de las cosas tristes del mundo. Y durante años y años, casi treinta, fue así: Sindharta creció en un palacio encantador, se casó muy joven con una chica muy bella y tuvo un hijo. Parecía imposible que la vida pudiera ser otra cosa que felicidad y diversiones.

Sergio vio entonces la sala de un palacio. Y al fondo, acompañado de una mujer muy, muy morena, rodeado de sirvientes y músicos, todos jóvenes y hermosos, vio a un muchacho elegante y atractivo, con el cabello negro y la alegría de la **inmortalidad** en los ojos.

–Pero un día –seguía contando Heródoto– Sindharta quiso saber por sí mismo cómo era la vida fuera de palacio. Habló con uno de los sirvientes del rajá y, en su compañía, abandonó su tranquila **morada** y desapareció entre las sombras del **crepúsculo.** Nada volvería a ser igual.

–¿Por qué? –preguntó Sergio.

–Porque hasta entonces Sindharta no sabía qué era la miseria, la vejez o la enfermedad. Jamás había visto a un hombre viejo. Jamás había contemplado a un enfermo. Jamás había estado cerca de un moribundo. Sólo había conocido el placer y la riqueza. Y ahora, durante sus secretas excursiones, se encontró de pronto con un anciano débil y doblado, consumido y retorcido por los años, con un enfermo sin esperanza y un cadáver rodeado de llorosas ancianas. Sindharta preguntó entonces a su sirviente. Estaba conmovido y asombrado. El sirviente se encogió de hombros y, con aire resignado, sólo acertó a decir: «Sí, mi príncipe, esas cosas nos pasan a todos». Sindharta volvió al lado de su esposa y su hijito, pero ahora pensaba y pensaba en las desdichas de los seres humanos.

Heródoto hizo una pausa. Luego, añadió:

–Y una noche abandonó el palacio para siempre. Necesitaba encontrar la causa del sufrimiento y la muerte. Necesitaba encontrar un remedio a esos males. Y en parte, lo consiguió. Aunque no fue nada fácil. Porque Sindharta sólo halló la respuesta a sus preguntas después de cambiar su hermosa vestimenta por los **harapos** de un **ermitaño;** después de caminar y caminar sin casa y mendigar comida; después de escuchar a muchos maestros hindúes y de atormentar su cuerpo sin probar bocado; después de perder tanto peso que sus costillas sobresalían como las vigas de un sótano; después de años de soledad y **meditación,** días y días y días de meditación.

–¿Qué respuesta? –quiso saber Sergio, que aún no comprendía por qué Sindharta había abandonado la felicidad del palacio del rajá.

–Ésta –dijo Heródoto–. Todos somos iguales, los ricos y los pobres. Todos sufrimos. Y ese sufrimiento nace, precisamente, de nuestros deseos. Sólo la persona que no desea nada en el mundo puede alcanzar la calma y la paz perfecta, el **Nirvana:**

puede dejar de sufrir. Los rituales y los sacrificios a los dioses no sirven para nada; no conducen a nada. Eso es lo que descubrió Sindharta –concluyó Heródoto–: que sólo apartando nuestro pensamiento de las cosas bellas y agradables, sólo apagando nuestra sed de felicidad, de cariño, de fama o gloria, podremos dejar de estar tristes para siempre. Eso es lo que enseñó el resto de su larga vida, mientras iba de un pueblo a otro de la India, de una ciudad a otra. La gente empezó a llamarle Buda, que quiere decir 'iluminado'. Y los más ricos de sus fieles fundaron monasterios y conventos para todos los hombres y mujeres ansiosos de aprender la gran enseñanza de Buda: que la vida no es un montón de placeres, sino un montón de obligaciones.

Sergio se sintió muy sorprendido por la historia del príncipe Sindharta. Todo aquello era muy curioso. ¡No desear nada! ¡No querer nada! Él quería a su madre y a su padre, y a su hermanita Blanca. Y si alguien les hiciera daño, para él sería como si todas las estrellas se apagaran. También le gustaban los cuentos y las historias que ahora le contaba el anciano Heródoto y los dulces que preparaba su abuela en navidades, y jugar con sus amigos en la plaza, y muchas, muchas cosas más. Decididamente, Sindharta era muy raro, se decía Sergio a sí mismo mientras Heródoto anunciaba con la cabeza el comienzo de una nueva historia.

–Buda quiso acabar con el sufrimiento de las personas –dijo Heródoto–. Confucio, que pensaba que la buena vida era mucho más importante que cualquier cielo o Nirvana, sólo quería que convivieran en paz. Y aunque una vez dijo que los gobernantes de China le habían tratado como a una calabaza, que sólo es útil para colgarla en la pared y no usarla nunca, a la larga sus enseñanzas tuvieron mucho éxito: gracias a Confucio el pueblo chino vivió durante milenios con más paz y tranquilidad que cualquier otro pueblo del mundo.

–¡China! –exclamó Sergio, ya dispuesto a escuchar otro cuento.

–Sí, pequeño Sergio –dijo Heródoto–. Confucio nació en el centro de la inmensa China, en un pequeño **principado** cercano al río Amarillo, el año 551 a. C.

Primero, Sergio vio campos con agricultores que cultivaban arroz. Luego, soldados avanzando contra unas murallas.

–La época de Confucio –comentó Heródoto– fue una época de pequeñas e interminables guerras. China estaba formada por muchos principados que luchaban constantemente entre sí. Los gobernantes de estos principados vivían rodeados de lujo y se apropiaban de una parte de la riqueza que producían los **esforzados** campesinos y artesanos. Todo esto causaba gran tristeza a Confucio.

Ahora Sergio vio una ciudad donde la gente caminaba vestida con ropajes de colores. Poco después, vio un grupo de jóvenes escuchando con respeto a un hombre sabio.

–Confucio –continuó Heródoto– estaba convencido de que los problemas de su tiempo sólo desaparecerían cuando sus

paisanos respetaran de verdad el lugar que la tradición les había asignado. Que el gobernante sea gobernante y el súbdito, súbdito; que el padre sea padre y el hijo, hijo. Todo es más fácil si se obra de ese modo, si se respetan las costumbres, porque las cosas marchan entonces por sí solas. Eso decía Confucio, que a diferencia de Buda no fue ni hijo de un rajá ni un hombre santo, sino un maestro humilde entregado a la enseñanza.

–Ah –dijo Sergio, que se sintió un poco decepcionado.

–Confucio –siguió Heródoto– amaba la tradición, creía en el orden más que en la igualdad, daba mucho valor a la cortesía y a la lealtad, y enseñaba a ser amable y humilde. Confucio decía a sus alumnos que todo el mundo, y en especial los **caballeros,** debía preguntarse: «¿Qué es lo correcto?», y entonces intentar hacerlo. Los caballeros, además, debían ayudar a gobernar al rey sabia y humanamente, mediante el ejemplo más que con severas y rígidas leyes. Y el rey tenía que ser un modelo para todos los habitantes de su reino, tenía que ser el primero en observar la justicia y favorecer el bienestar de su pueblo. «Las personas –decía Confucio– obedecerán e imitarán a un gobernante justo, pero no a uno malvado».

Sergio miró con agrado a aquel maestro que enseñaba con tanta sencillez y claridad a sus alumnos. Parecía una persona olvidada de sí misma, alguien tan entregado a la enseñanza que no se daba cuenta de que la vejez ya se acercaba.

–Confucio –dijo Heródoto– murió a los sesenta y tres años sin haber construido ningún templo, pero sus ideas siguieron vivas. En realidad –concluyó Heródoto–, sus ideas eran su templo.

El orgullo de los persas

–La siguiente historia –dijo Heródoto mientras su anciano rostro relucía de emoción– ocurrió entre el siglo VI a. C. y el V a. C.

Yo mismo la recogí en mi famoso libro. Lo hice para dejar en la memoria humana una lucha tan desigual y gloriosa que no merece caer en el olvido.

–¿Qué lucha? –preguntó Sergio.

–La gran guerra entre los persas y los griegos –respondió Heródoto sonriendo con melancolía–. Una guerra que enfrentó a un imperio poderosísimo, presa de su orgullo, el imperio persa, contra un pueblo que era pobre, pero libre y con talento, el pueblo griego.

Sergio pareció intrigado.

–El imperio persa, que los griegos admiraban y temían porque era el más grande y fuerte del mundo entero –prosiguió Heródoto–, tenía su corazón en Irán, al norte de Mesopotamia, y se extendía desde el mar Egeo, en el Mediterráneo, hasta Afganistán.

Heródoto hizo una pausa, y continuó, pero ahora alargando su relato hacia atrás, hacia el origen de aquel gigantesco imperio:

–Todo había comenzado en tiempos del valeroso e inteligente Ciro, cuando el pueblo montañés de los persas inició una sorprendente carrera de conquistas por Oriente, coronada con el asalto a Babilonia. Tras adueñarse de toda Mesopotamia –siguió Heródoto–, los persas se apoderaron de Egipto. Eso ocurrió en el 525 a. C., después de que Ciro ya hubiera muerto.

Sergio sintió pena por los egipcios, que le parecían muy simpáticos, y más aún después de ver al pobre faraón derrotado y arrodillado ante el soberano de los persas.

–Los persas –dijo Heródoto– alcanzaron la cima de su poder poco después, durante el reinado de Darío, entre el 522 y el 486 a. C. Fue este rey de reyes quien aumentó las conquistas de sus antecesores y organizó el inmenso imperio, que ya se alargaba desde el Nilo hasta la India y desde el mar de Aral hasta el Golfo Pérsico. Nunca ningún rey había dominado tan extenso territorio. Por eso, para poder gobernar su imperio con eficacia, Darío lo dividió en muchas regiones. Puso cada una a cargo de un noble persa, y a éstos bajo la vigilancia de inspectores y espías reales: los llamados ojos de Darío.

–¿Los ojos? –preguntó Sergio.

–Sí, porque esos espías, que siempre mantenían sus ojos muy abiertos, informaban al monarca de todo lo que sucedía a lo largo y ancho del imperio.

–¡De todo! –repitió Sergio, que pensó que el trabajo de aquellos detectives debía de ser muy importante.

–Darío también hizo construir caminos –prosiguió Heródoto–. Y a lo largo de esos caminos creó un sistema de mensajeros a caballo para transmitir sus órdenes a cualquier parte del imperio. Y no había nada en el mundo que llegara más pronto que estos mensajeros. Ni la nieve, ni la lluvia, ni el calor ni las tinieblas de la noche impidieron jamás a los jinetes que llevaban el correo hacer el recorrido que les correspondía. El primer mensajero cabalgaba lo suyo, transmitía las órdenes al segundo, éste al tercero, y así sucesivamente, hasta llevar la noticia a su destino, igual que los atletas corren la carrera de relevos hasta llegar a la meta.

Un jinete llamó la atención de Sergio, que ahora contemplaba maravillado la larguísima carretera real. El jinete pasó como un rayo, y Sergio observó emocionado la frenética galopada.

–¿A dónde va? –preguntó Sergio.

–A Persépolis, la nueva y magnífica residencia real que Darío ordenó construir al Este de las grandes ciudades de Susa y Babilonia, muy cerca de Pasagarda.

Pronto aparecieron en el horizonte las murallas y los tejados de las construcciones de Persépolis. Y poco después, los asombrosos palacios reales se levantaron delante de los ojos de Sergio, centelleando bajo el sol.

–A diferencia de los asirios, que utilizaban el terror, los persas preferían la **diplomacia.** Así, al tratar a los conquistados amablemente, Darío pudo sentarse con seguridad en un trono mucho menos sangriento, y gobernar un territorio mucho mayor que el de cualquier rey anterior.

Heródoto habló entonces del homenaje que los súbditos del imperio persa debían rendir a Darío, y al momento se abrió ante el niño y el anciano una gran puerta que les permitió ver la gran sala de audiencias de Persépolis. Sergio estaba maravillado. Darío, el gran rey, el rey de reyes, el rey de los persas, estaba sentado en un trono elevado, con los pies apoyados sobre un escalón espléndidamente decorado. Lucía la misma barba que los reyes asirios y babilonios, y vestía un colorido manto de mangas anchas, cogido por un cinturón. Tenía un extraño gorro sobre su cabeza y en sus manos sostenía un bastón de mando, un **cetro** de oro y una flor de loto. Toda clase de joyas colgaban de las orejas, del cuello y de las muñecas de Darío.

El príncipe heredero y el sacerdote permanecían a su espalda, de pie; y enfrente, rodeado por la guardia real, estaba el **visir,** haciendo una reverencia para anunciar la llegada de los embajadores. Todas las regiones del imperio estaban allí representadas. Todos sus emisarios vestían sus mejores galas. Todos se acercaban a Darío con regalos y se inclinaban ante él, mostrándole respeto.

–Los soberanos persas –dijo Heródoto– presumían de su bondad y tolerancia, pero no admitían a los pueblos que habían conquistado ni una sola desobediencia. Cualquier rebelión era aplastada rápidamente.

Heródoto guardó silencio un momento. Y después, subrayó:

–Ésa fue la causa que provocó la gran guerra entre los griegos y los persas.

–¿Una rebelión? –preguntó Sergio.

–Verás –prosiguió Heródoto–. Tiempo atrás, mucho antes de que Darío reinara sobre los persas, algunos griegos habían cruzado el mar Egeo y habían establecido su hogar a lo largo de la costa de Asia Menor. Se les llamaba jonios, y eran comerciantes acostumbrados a ordenar y organizar los asuntos de sus ciudades de manera independiente. Por eso, cuando Darío extendió su imperio hacia Asia Menor y obligó a los jonios a obedecer las órdenes que dictaba desde la lejana Persépolis, se molestaron muchísimo. No podían soportar que les gobernara un extranjero ni tampoco querían enviar a Persépolis los regalos que el rey de los persas exigía. Fue así como en el año 499 a. C. los jonios expulsaron a los persas de sus ciudades y se sublevaron con el apoyo de los griegos de Atenas, que enviaron barcos en su ayuda.

–¿Y qué hizo Darío? –quiso saber Sergio, aún sorprendido por el coraje de aquellos griegos.

–Los aplastó –respondió Heródoto–. Los ejércitos persas reconquistaron las ciudades jonias e hicieron tal destrozo en ellas que no volvieron a recobrarse nunca más. Pero aquello no le pareció suficiente a Darío.

–¿No? –repitió Sergio, que ahora contemplaba espantado cómo los soldados persas asesinaban a todos los varones de una ciudad jonia, Mileto.

–No, pequeño Sergio –dijo Heródoto–. Darío estaba tan furioso con los **insolentes** griegos por haber ayudado a los jonios que juró castigarlos. El año 490 a. C. envió un gran ejército contra Atenas. Pero los atenienses, a pesar de ser muchos menos en número, vencieron, y los persas, sorprendidos y avergonzados, tuvieron que retirarse.

Aquellos griegos que defendían sus pequeñas ciudades y se atrevían a desafiar la cólera del temible rey persa agradaron a Sergio. Parecían valerosos y justos, y además, ¿por qué aquel rey tan poderoso, que tenía tantas ciudades, no dejaba tranquilos a los griegos? ¿Por qué quería poseer más y más territorios? Sergio pensaba en todas estas cosas mientras Heródoto proseguía su historia.

–El gran Darío murió mientras preparaba una nueva y mayor expedición contra Grecia. Pero su fallecimiento no frenó el nuevo ataque. Jerjes, su sucesor, se propuso vengar el honor herido de los persas y a ese objetivo se entregó día y noche.

Heródoto habló entonces del ejército que reunió Jerjes para doblegar a los griegos, un impresionante ejército de más de un millón de soldados, formado por todos los pueblos del imperio persa: egipcios y babilonios, sirios y persas, bactrianos y fenicios, medos y libios, indios y pakistaníes. Todos con sus trajes tradicionales y sus propias armas. Sergio vio al mismo Jerjes al frente de sus tropas, orgulloso de su poder y ansioso de dar su merecido a los griegos.

–Aquel ejército era tan numeroso que cuando se paraba a beber en un sitio, los ríos casi se secaban –dijo Heródoto–. Y sin embargo –añadió el anciano–, a pesar de su aterrador avance, los persas volvieron a ser derrotados. Y después de la batalla naval de Salamina, Jerjes se retiró **desolado** de Grecia.

El mar apareció primero, muy azul, lleno de ahogados y combatientes. Después, una colina que se asomaba a una bahía, y allí, sentado en un trono, Sergio distinguió a Jerjes, que observaba cómo los pesados barcos de la flota persa eran abordados y hundidos por los pequeños y ligeros barcos de la flota griega. Jerjes tenía el rostro gris y los ojos enrojecidos de ira.

–Eso ocurrió en el 480 a. C. Un año después los griegos completaron su victoria naval con otra gran batalla, esta vez terrestre, la batalla de Platea. Humillados, vencidos, los persas no volvieron a invadir jamás Grecia.

Sergio aún no podía creerse aquel final. ¿Cómo habían podido ganar los griegos? ¿Cómo habían conseguido plantar cara al gran ejército de Jerjes? Heródoto, que adivinó los pensamientos del pequeño, dijo:

–Yo también me hice esa pregunta, mi querido amigo. Y hallé esta respuesta: los persas obligaban a sus soldados y marineros a combatir a golpe de látigo. Los griegos, no. Los grie-

gos eran hombres libres, podían elegir y combatían porque querían combatir. Además, luchaban unidos para defender sus casas y ciudades, cada uno según sus medios.

Heródoto hizo una pausa, y después añadió con los ojos brillantes:

–¡Honor... a aquellos que con sus vidas custodiaron y defendieron Grecia frente al persa! ¡Honor!, porque no se rindieron y vivieron sin traicionar lo más sagrado que tenían: su libertad.

La sabiduría de los griegos

–Tres **penínsulas** cuelgan de la panza de Europa. Al Oeste, la península Ibérica, que hoy ocupan España y Portugal; en medio, Italia, que parece una bota a punto de dar una patada al mar; y más al Este la península de los Balcanes.

Eso dijo Heródoto con aire pensativo, anunciando el comienzo de una nueva historia.

–Pues bien –prosiguió el anciano–, la Grecia que se mantuvo firme frente al imperio persa está justo debajo de los Balcanes. Pueblo de inquietos comerciantes y **arriesgados** marinos, los griegos necesitaban madera para construir sus barcos y por eso habían acabado con la mayor parte de los bosques. También por eso, los alrededores de sus pequeñas ciudades –añadió Heródoto– se parecían al cuerpo despellejado de un hombre, con todo el suelo rico y fértil desprendido y con sólo el esqueleto de la tierra.

Con emoción, ansioso por saber más cosas de los griegos, Sergio acercó su cara a la ventana: en medio del mar, tranquilo y azul como en las postales, islas, muchas islas, y muy pequeñas, y después la tierra firme de Grecia, rodeada también por el mar, siempre el mismo mar, siempre el Mediterráneo, que une África, Europa y Asia.

–Los griegos –dijo Heródoto– descubrieron muy pronto que su destino estaba en el mar, y sobre las olas y las orillas del Mediterráneo hicieron su vida y sus negocios. A bordo de sus pequeños barcos de vela, fundaron ciudades en la costa del sur de Italia, en Sicilia, en África del norte y en la costa de Asia Menor para comerciar con otros pueblos. Estas nuevas ciudades también eran pequeñas, pero tenían mucha energía, como vemos en sus peleas. Si en lugar de reñir unos con otros, los griegos se hubieran unido, como se unieron contra los persas, habrían conquistado la mayor parte del mundo. Pero a los griegos, como ya sabes, no les gustaba organizar los asuntos públicos juntos, sino en sus propias ciudades, y de manera separada.

–Sí, es verdad –pensó Sergio, que recordaba cómo se habían enfadado los jonios cuando el rey de los persas quiso decirles lo que tenían que hacer.

–Los griegos no estaban unidos, pero sí tenían muchas cosas en común –siguió Heródoto–. Los dioses, por ejemplo. Todos los griegos creían en los mismos dioses, que eran muchos, y en su honor levantaban templos y santuarios. Los griegos también adoraban el deporte y les gustaba mucho competir entre ellos. Cada cuatro años, siempre en verano, siempre en la ciudad de Olimpia, que era un antiguo santuario dedicado a Zeus, padre de los dioses, los griegos celebraban los Juegos Olímpicos. Todas las ciudades enviaban a sus atletas a Olimpia, y las más ambiciosas contrataban a los mejores y les pagaban espléndidamente si ganaban alguna prueba.

–Entonces... ¡los griegos inventaron los Juegos Olímpicos! –exclamó Sergio, que ahora tenía serias razones para admirar a los griegos.

–Sí –dijo Heródoto–. Ellos fueron los primeros en organizar competiciones deportivas. Pero había otra cosa que los griegos tenían en común –añadió el anciano mientras Sergio veía una prueba de velocidad en el estadio de Olimpia.

–¿Qué? –preguntó Sergio distraído.

–Los relatos que el poeta Homero puso por escrito hacia el siglo VIII a. C.: *la Ilíada* y la *Odisea* –respondió Heródoto–. Los griegos hablaban de esos dos libros de la misma forma que los judíos de la Biblia, pues allí se recogían las luchas de los antiguos héroes, las aventuras de los dioses y las hazañas que los antepasados habían realizado en tiempos muy, muy **remotos.** Todo adornado con mucha fantasía e imaginación.

Heródoto habló entonces del contenido de aquellos dos libros, repletos de viajes, dioses, héroes y saber. Habló del poderoso Agamenón y de cómo un inmenso ejército de griegos destruyó Troya. Habló de feroces combates en torno a las murallas de Troya y de los inútiles esfuerzos de los troyanos por salvarse. Habló del **astuto** Ulises, el de las muchas vueltas y de los muchos trucos, que había participado en la guerra de Troya

y luego se pierde en el viaje de regreso a su querida Ítaca, donde le esperaban una esposa y un hijo.

¡Qué aventura la de Ulises! Aquel griego, supo Sergio, padece la persecución del violento Poseidón, dios del mar, y vive muchos peligros en el Mediterráneo; escapa de los hechizos de la bruja Circe, que quiso convertirle en una bestia, y rechaza el amor de la ninfa Calipso; lucha con gigantes de un solo ojo y, para oír la canción de las sirenas y no ser arrastrado a la muerte por su melodía, pide a sus compañeros que lo aten al mástil de su barco. Porque las sirenas, criaturas con rostro de mujer y cuerpo de ave, eran muy peligrosas: con su canción atraían a los marinos hasta la costa, y allí ¡los devoraban! Cuando, por fin, Ulises vuelve a Ítaca, ha cambiado tanto que nadie lo reconoce. Nadie, salvo el perro que husmea su olor al cabo de veinte años.

–Dichoso aquel que, como Ulises, ha hecho un viaje aventurero y ha regresado a su casa rico en saber y en vida –dijo Heródoto al comprobar lo mucho que aquella historia había

gustado a Sergio–. Y para viajes aventureros, no hay mar como el Mediterráneo. El mar de Atenas.

–¿Atenas? –repitió Sergio.

–Atenas –dijo Heródoto– fue la más impresionante de las ciudades griegas. Los persas la incendiaron y saquearon durante la guerra, pero los atenienses siguieron peleando y reconstruyeron su hogar después de la victoria.

Sergio distinguió la ciudad ante el telón azul del mar, llena de vida bajo el vuelo de las gaviotas.

–Los atenienses confiaban en la sabiduría del hombre corriente y pensaban que el hombre adulto que se mantiene apartado de la política era un hombre inútil. Según sus leyes, eran los ciudadanos quienes siempre debían resolver qué hacer. Por eso, los atenienses se reunían casi todas las semanas en una gran plaza, pronunciaban discursos y daban su opinión sobre cualquier asunto público. Atenas –dijo Heródoto– era una democracia, que quiere decir 'gobierno del pueblo', gobierno de la mayoría. Pero, ¡ojo!, no todos los habitantes de Atenas podían discutir y dar su opinión en los debates. Los atenienses creían en la democracia, pues fueron sus inventores, pero no en la igualdad. Los pobres no votaban. Las mujeres, los extranjeros y los esclavos, tampoco.

Heródoto hizo una pausa. Y a continuación, sorprendiendo otra vez a Sergio, añadió:

–El futuro no podía ser más bonito para Atenas cuando Pericles habló por primera vez en público para convencer a sus compatriotas. Eso fue después de la derrota de los persas.

–¿Quién fue Pericles? –preguntó Sergio.

–Pericles fue uno de los mejores generales griegos, un orador excelente y un líder excepcional. Siguiendo sus consejos, los atenienses construyeron la flota más poderosa del Mediterráneo oriental, extendieron sus redes comerciales más y más lejos, se enriquecieron muchísimo y realizaron cosas maravillosas.

–¿Cosas maravillosas? –quiso saber Sergio.

–Los artistas griegos construyeron magníficos edificios y reprodujeron los cuerpos humanos como si nadie los hubiera visto antes que ellos: de una manera sencilla y hermosa.

Heródoto habló entonces del gran templo del Partenón, que los arquitectos de Pericles levantaron a mediados del siglo V a. C. en honor de Atenea, la diosa protectora de Atenas. Luego enseñó a Sergio el resto de los imponentes edificios de la Acrópolis. Todas aquellas construcciones, llenas de columnas, blancas como la leche, repletas de esculturas de dioses y atletas, fascinaron a Sergio, que encontró muy gracioso el rostro de la diosa Atenea esculpida por Fidias y adornada con oro y marfil, pues se parecía un poco a la cara de su hermanita Blanca.

–Pero los griegos no sólo lucharon contra los persas, no sólo viajaron en sus barcos de vela para conocer el mundo e inventaron la democracia –dijo Heródoto con gravedad–. Los griegos también encendieron una luz que durante siglos pudo verse desde muy lejos.

–¿Qué luz? –preguntó Sergio.

–La filosofía –contestó Heródoto–. Los griegos fueron los primeros que nos enseñaron a reflexionar sobre el mundo que vemos y conocemos, y a buscar explicaciones con la razón antes que con las tradiciones y creencias religiosas. También se preguntaron una y otra vez qué es la bondad y la belleza, y pusieron mucha energía en buscar un ideal de justicia y de respeto por la verdad.

Eso dijo Heródoto emocionado. Luego, después de una pausa, añadió:

–La luz de la filosofía brilló en Atenas como en ningún otro lugar. Eso fue así gracias a Sócrates, Platón y Aristóteles, que vivieron entre los siglos V y IV a. C. y convirtieron la ciudad que ahora ves en la escuela de toda Grecia.

Entre la muchedumbre de Atenas, en el mercado, Sergio vio entonces a un hombre gordo, calvo, vestido con harapos, al que le apasionaba hablar, y, por encima de todo, preguntar a los ciudadanos atenienses si sabían qué era la justicia, qué era la verdad, qué era la belleza. Cuando sus oyentes le daban una respuesta, él volvía a preguntar una y otra vez hasta dejar claro que ninguno de ellos sabía mucho sobre esos asuntos.

–Es Sócrates –dijo Heródoto–, a quien algunos tienen por un bufón y otros por un peligroso **agitador.**

«Yo –decía ahora Sócrates rodeado por un círculo de jóvenes– me considero el más sabio de los hombres porque sé que no sé nada».

A Sergio le gustó aquel señor gordinflón que parecía preguntar por el placer de preguntar: no por saber, sino para saber que se puede preguntar y preguntar.

–Hay otra cosa que los griegos dieron al mundo –dijo Heródoto desviando la atención de Sergio del preguntón Sócrates–. El teatro, donde escritores como Esquilo, Sófocles y Eurípides reunieron la sabiduría de los filósofos y la belleza de la palabra para mostrar qué es lo que nos hace realmente humanos.

Después de pensar un rato en silencio, Sergio dijo:

–Nunca he ido al teatro.

Las palabras del niño confundieron a Heródoto, que señaló con la cabeza un escenario al aire libre. Las personas que allí había, quince o veinte, con máscaras de color carmesí, rezaban, dialogaban y cantaban. Aquellas personas estaban en la cárcel, y nadie veía la cárcel; cabalgaban, y no había caballos; combatían, y las espadas eran de caña; morían y después estaban de pie.

–Todo es de mentira –dijo Sergio riéndose–. ¡Hacen como en el cine! Representan una historia.

–Los griegos, y los atenienses especialmente, fueron como una flota de pequeños barcos con muchas direcciones y a los que sólo unía su afición por lo nuevo.

Eso dijo Heródoto después de que Sergio viera su primera obra de teatro. Y para poner fin a su historia, mientras el sol se acercaba al mar y la noche unía con su oscuro manto todos los edificios de la vieja Atenas, añadió:

–El mundo hubiera sido otro, sin duda peor, sin lo que los atenienses pensaron y escribieron.

La aventura de Alejandro Magno

–Los buenos momentos de Grecia duraron muy poco tiempo –dijo Heródoto, iniciando la siguiente historia–. La envidia y la **rivalidad** llevaron al desastre a los griegos, que se enfrentaron en una gran guerra: la guerra del Peloponeso. Eso fue entre el año 431 y el 404 a. C. Todos, vencedores y vencidos, acabaron agotados después de aquella larga lucha. Todos, en medio de la ruina y el desorden, vieron con mucha preocupación la creciente amenaza de Filipo, el jefe de los macedonios, un pueblo de pastores y guerreros situado al norte de Grecia, en las montañas de los Balcanes.

Heródoto hizo una pausa. La guerra entre los griegos le apenaba. Él no podía hacer nada, sólo recordar cómo el gran momento de Atenas se **desvanecía** entre sangrientas disputas, incendios y soldados.

–¡Qué hombre, Filipo! –exclamó el anciano tratando de seguir adelante con su historia–. Le faltaba un ojo, era un político astuto y un general **intrépido.** Su sueño era apoderarse de Grecia. Luego, formar un gran ejército de macedonios y griegos y conquistar la gran Persia. Lo consiguió a medias. Filipo triunfó sobre Atenas. Poco después puso toda Grecia bajo su control. Pero Filipo fue asesinado antes de poder preparar su ataque contra el imperio persa. Eso fue en el 336 a. C.

–¡Asesinado! –exclamó Sergio.

–A Filipo le sucedió en el trono su hijo, Alejandro, aclamado por el ejército, que le quería mucho. Tenía apenas veinte años –dijo Heródoto.

Sergio vio ahora a un joven bellísimo, con cabello largo y rizado, atlético y lleno de entusiasmo. Sonreía orgulloso a las alabanzas de los generales macedonios. ¡Alejandro! ¡Alejandro!, gritaban aquellos hombres **rudos** en medio de un gran banquete, entre músicas, esclavos y antorchas.

–Alejandro –continuó Heródoto– tenía un enorme afán por conocer el mundo y un insaciable deseo de vencer dificultades. Filipo –dijo Heródoto– le había educado con el mejor maestro: el gran filósofo Aristóteles, que enseñó a Alejandro todo cuanto podía saberse sobre astros, animales y plantas, sobre filosofía, historia y la organización política de los reinos. Todo eso y mucho más aprendió Alejandro con Aristóteles, pero lo que al joven príncipe más le gustaba era leer los libros de Homero, en especial la *Ilíada,* que se llevaba a todos los sitios. Alejandro quería ser como Aquiles, el más valiente y fuerte de todos los héroes de la *Ilíada.* Un día le invitaron a correr en las Olimpíadas, y respondió: «Lo haría si los demás concursantes fueran también reyes». Otro día supo que el caballo Bucéfalo derribaba a todos los jinetes que intentaban montarlo y, sin pensárselo dos veces, ante la sorpresa de su padre, se lanzó a domarlo. Lo puso cara al sol, porque Alejandro se dio cuenta de que aquel hermoso y salvaje caballo se asustaba de su propia sombra. Luego lo acarició, lo montó y cabalgó sobre él entre el aplauso de la corte y las carcajadas de su padre, el gran Filipo.

Sergio vio al joven Alejandro montando a Bucéfalo con las piernas bien firmes. Luego, mientras Alejandro se bajaba del hermoso caballo, pudo oír cómo Filipo exclamaba: «¡Hijo mío, busca un reino a tu medida: Macedonia es demasiado pequeña para ti!».

–¡El mundo era demasiado pequeño para el joven Alejandro! –sonrió Heródoto, satisfecho por el silencio de Sergio–. El joven Alejandro –prosiguió el anciano historiador– no quería lujos, ni riquezas, ni placeres, sino largos viajes y sonoras hazañas. Por eso, cada vez que se enteraba de que Filipo había conquistado una ciudad famosa o había vencido en una gran batalla, decía a los jóvenes de su misma edad: «Muchachos, mi padre va a conquistarlo todo y a mí no me va a dejar ninguna acción grandiosa y brillante para darme a conocer con vosotros».

–¿Pero no fue así, verdad? –se adelantó Sergio.

–No. No fue así –respondió Heródoto–. Filipo dejó en sus manos una Grecia aún sin pacificar, con ciudades que se rebelaban a la más mínima ocasión. Y lo más importante. Alejandro heredó de Filipo el más formidable instrumento de guerra que

había conocido el mundo hasta entonces: la falange, que era como una muralla de dieciséis filas de soldados con largas lanzas, entrenados para marchar y moverse con la agilidad de los bailarines. La falange no contaba con más de diez mil hombres, pero protegida a los lados por la caballería, era como un puercoespín erizado de lanzas que podía aplastar cualquier ejército y resistir cualquier ataque.

Heródoto habló entonces de cómo Alejandro había destruido una ciudad griega que había querido recuperar su independencia y cómo había vendido a sus habitantes como esclavos para meter miedo al resto de griegos y evitar así más rebeliones. Luego, apareció la ciudad de Corinto, y Sergio vio al joven Alejandro ponerse de acuerdo con todos los jefes griegos para el ataque a Persia.

–Lo que movió al joven Alejandro a lo largo de sus extraordinarias aventuras fue un sueño de gloria que persiguió durante once años, sin despertar –dijo Heródoto–. Tal era su hambre de fama que al abandonar Macedonia quiso repartir todo lo que poseía entre sus fieles compañeros de armas. Cuando uno de ellos le preguntó qué era lo que se reservaba para sí, Alejandro respondió: «La esperanza». «Nosotros –dijeron sus compañeros– queremos participar de ella». Aquella esperanza no desengañó a Alejandro.

Heródoto hizo una pausa; cerró los ojos, como para recordar mejor lo que quería contar; y prosiguió la historia del gran Alejandro:

–Las victorias de Alejandro dan vértigo y por eso se le llamó Magno, que quiere decir 'el Grande'. Primero conquistó Asia Menor. Luego se adueñó de Fenicia y Egipto. Aquí, en el antiguo país de los faraones, a orillas del mar, fundó la ciudad de Alejandría. Él mismo dibujó el plano de la ciudad, dejando la construcción a su arquitecto Dinócrates. Pero Alejandro apenas se quedó tiempo en Egipto. Le aguardaba la inmensa Persia, de la que se adueñó kilómetro a kilómetro, tras vencer al rey de los persas en una gran batalla. Después de eso, Alejandro era el dueño de

Macedonia, Grecia, Egipto, Fenicia, Palestina, Babilonia, Asia Menor, Irán... y sus órdenes llegaban desde el Nilo hasta Afganistán. Pero todo aquello no era suficiente para Alejandro.

–¿No? –preguntó Sergio, que había visto cómo la falange de Alejandro avanzaba **implacable,** como un bosque animado de lanzas, contra el gigantesco ejército del rey persa, y también a los soldados griegos y macedonios bordear desiertos y, heridos, enfermos y cansados, abrirse paso por montañas peladas, hacia el Este, siempre hacia el Este, luchando y ganando todas las batallas.

–No –repitió Heródoto–. Alejandro quería seguir adelante, quería ver con sus propios ojos las lejanas y misteriosas tierras de la India, quería gobernar más y más pueblos. Con ese pensamiento, y sin mapas, se abrió camino hacia la India, mucho más allá de donde habían llegado los persas, y siguió hacia el Este por una tierra sin explorar. Llegó hasta el Indo, y junto a este río, derrotó a un rey que le había atacado con doscientos elefantes. Poco después, conoció a unos ermitaños que vivían en el bosque y que le dijeron que sus conquistas no tenían sentido, que eran absurdas, que él, Alejandro, como todos los humanos, sólo poseía la tierra que pisaba.

Sergio se acordó de Sindharta y sus seguidores, pero no quiso interrumpir el relato del anciano Heródoto.

–Fue entonces cuando ocurrió lo que parecía imposible. Alejandro quería seguir abriéndose paso a través de la India, hacia el Este, más hacia el Este, pero sus soldados, rotos y agotados por el esfuerzo, le dijeron que no seguirían más. Alejandro les rogó y les amenazó con que avanzaría solo.

–¿Y lo hizo? –preguntó Sergio.

–No. Al final regresó con sus soldados a Persia. Luego se trasladó a Babilonia, y allí, en el antiguo palacio de Nabucodonosor, enfermó y murió. Tenía treinta y dos años, y muchos, muchísimos planes. Quería fundar más ciudades como Alejandría. Quería conquistar las tierras de Arabia y marchar otra vez sobre la India. Quería ser más que un rey de los macedonios o un general de los griegos e imponer la paz entre los pueblos de su imperio... Le faltó tiempo.

Eso dijo Heródoto. Luego le contó a Sergio cómo los generales de Alejandro no lograron ponerse de acuerdo sobre quién debía heredar el trono. Le contó cómo dividieron las conquistas de Alejandro en reinos más pequeños. También le contó cómo, durante doscientos años, aquellos compañeros de armas de Alejandro y sus sucesores se hicieron la guerra unos a otros y también a cualquiera que dentro de sus provincias intentara conseguir la libertad.

–El joven Alejandro –señaló Heródoto para terminar– fue como una estrella **fugaz,** y como todas las estrellas fugaces deslumbró el cielo y desapareció en la noche, sin dejar tras de sí nada.

–¿Nada? –dijo Sergio con tristeza.

–Bueno –añadió Heródoto mientras inclinaba la cabeza con benevolencia–. Dejó algo maravilloso: el recuerdo de sus hazañas. Y, por supuesto, también Alejandría, de cara al mar, la ciudad de la gran biblioteca, la principal heredera de la cultura griega, en cada palabra, en cada arte la ciudad más sabia. Alejandría... –repitió Heródoto mientras aparecían los palacios y templos sobre el azul del aire y del agua y de la luz mediterráneas–, Alejandría, el lugar que encantó a Julio César y donde la reina Cleopatra enamoró al romano Marco Antonio. Pero ésa, mi pequeño Sergio, es ya otra historia.

La muralla china

–Alejandro apenas edificó nada –dijo otra vez Heródoto–. El personaje de nuestra siguiente historia, por el contrario, dejó tras de sí espléndidas construcciones. Se llamaba Shi Huang Ti, y fue el primer emperador de China. También fue un gran héroe guerrero. Shi Huang Ti era un príncipe fuerte y ambicioso que acabó con todos los demás reinos de China, uniendo bajo su mando, con mano enérgica y firme, todo el país de Confucio. Después de lograr eso, Shi Huang Ti gobernó sobre un territorio tan grande como toda Europa, tan grande que un jinete tardaba casi un mes en llevar las órdenes del rey a la frontera. Todo eso fue entre el 259 y el 210 a. C.

Heródoto le hizo notar a Sergio que cuando Shi Huang Ti alcanzó sus famosas victorias, la civilización china tenía ya tres mil años de vida, muchos sabios y espléndidos artistas.

–Los chinos –dijo Heródoto– eran un pueblo muy inventivo, tan ingenioso y creativo como los sumerios o los griegos: buscaban nuevos conocimientos en matemáticas y astronomía, habían ideado nuevos métodos de riego, confeccionaban hermosas prendas con seda, pero a diferencia de los atenienses, apenas viajaban fuera de su imperio y no se preocupaban por conocer otras tierras.

Sergio se acordó de Confucio y de la ciudad donde había visto al sabio maestro impartir sus enseñanzas.

–Shi Huang Ti –siguió Heródoto– quería asegurar lo que había ganado a sangre y fuego, y para ello construyó un sinfín de carreteras a lo largo de China y emprendió el mayor proyecto de construcción de todos los tiempos: la gran muralla, un fabuloso muro fronterizo de dos mil quinientos kilómetros de piedra. La gran muralla, que es tan grande que los astronautas pueden verla mientras giran en torno a la Tierra, se acabó de construir el año 214 a. C., aunque en cierto modo nunca se terminó, ya que a menudo tenía que alargarse y ensancharse. Shi Huang Ti la hizo levantar para proteger a China de los pueblos bárbaros del Asia central, terribles bandas de jinetes guerreros que **vagaban** sin rumbo por la inmensa estepa y que solían caer sobre los campos y ciudades del norte de China para saquear, robar y asesinar.

La aparición de la gran muralla arrancó un expresivo ¡Oh! a Sergio, que se puso a reír y aplaudir cuando la **colosal** construcción surgió de la niebla, entre llanuras y montañas, con **almenas** y torres, siempre siguiendo un trazo regular, perfecto, perdiéndose en el horizonte como una larga e interminable serpiente de piedra.

–Los miles y miles de campesinos que la construyeron tenían menos razones para admirar esta construcción –dijo Heródoto, queriendo hacer ver a Sergio una verdad dolorosa–. Los soldados de Shi Huang Ti los habían llevado lejos de sus casas para trabajar día y noche en la muralla. La mayoría no volvió a ver nunca más a sus familias.

Sergio no dijo nada. Parecía muy apenado por aquellos campesinos obligados a construir la gran muralla. Estaba verdaderamente triste. Heródoto entendió al pequeño y añadió:

–Pero no debes olvidar que esa muralla salvó también muchas vidas. Tratándose de los bárbaros –puntualizó Heródoto–, siempre había que ponerse a temblar. Fuera lo que fuese lo que motivaba sus invasiones, siempre llevaban el mismo sello: incendios y muerte.

Eso dijo Heródoto. Luego recuperó el hilo de la historia del primer emperador:

–Shi Huang Ti no sólo fue el amo y señor de toda China: además de eso y de ordenar la construcción de la gran muralla, quiso establecer un nuevo orden en todo. Con ese fin, impuso una sola forma de escritura y una sola moneda para comerciar, y también dividió el gigantesco imperio en múltiples provincias gobernadas por soldados y emisarios imperiales. Shi Huang Ti era ambicioso y muy mandón. Jamás toleró la desobediencia. Como los eruditos criticaban su soberbia, un día ordenó torturar y quemar vivos a cuatrocientos de ellos. A Shi Huang Ti tampoco le gustaba que sus súbditos utilizaran los libros de historia y todas las noticias antiguas para criticar sus acciones. Por eso, porque no podía soportar que alguien amara el pasado más que el presente, porque quería que China fuera enteramente obra suya, y solo suya, o porque tal vez pensaba que el saber de los demás podía ser peligroso para un rey, ordenó quemar todos los libros de China. Todos, excepto aquellos que trataran de agricultura y otras materias útiles.

Sergio lamentó aquello. ¡Cuántas historias perdidas!

–Por supuesto –dijo Heródoto–, hubo personas valientes que ocultaron los escritos de Confucio y de otros sabios en sus casas. Lo hacían con mucho miedo, arriesgando su vida, porque si eran descubiertos se les marcaba con un hierro candente y se les condenaba a construir, hasta el día de su muerte, la muralla.

Heródoto calló un instante, como para contemplar la imponente muralla o recordar. Luego prosiguió:

–Shi Huang Ti prohibió también que se mencionara la muerte en su presencia y ordenó a sus mensajeros recorrer las tierras del imperio chino en busca del elixir de la inmortalidad.

–¿Qué es un elixir? –preguntó Sergio.

–Una especie de bebida maravillosa que puede detener la muerte.

–¿Y lo encontraron? –preguntó Sergio con los ojos muy abiertos.

–La muerte, mi pequeño Sergio, es algo que nos llega a todos, más tarde o más temprano, pero a todos –respondió Heródoto–. También al temible Shi Huang Ti. El primer emperador murió sólo doce años después de haber unido China y su sucesor lo enterró en una tumba gigantesca, custodiada por un ejército de siete mil soldados de arcilla. El mismo Shi Huang Ti había dado la orden a setecientos mil obreros para que le construyeran bajo tierra aquel inmenso mausoleo lleno de palacios, antecámaras y patios, con jardines, torres y ríos de plata, con porcelanas, miles de objetos de jade y espléndidos tesoros. Nadie había imaginado jamás algo parecido, ni siquiera los faraones, y todo, para dormir el sueño de la muerte.

La visión de aquel lugar subterráneo dio escalofríos a Sergio. ¡Qué miedo todas aquellas figuras de arcilla, de un metro ochenta de alto, que el emperador había ordenado hacer para que le acompañaran en su tumba! ¡Qué miedo todos aquellos soldados y oficiales, armados y con coraza! ¡Qué miedo los caballos que parecían no tocar el suelo y no se caían, como si se hubieran encabritado! ¡Qué miedo el silencio y el orden que se observaba en todas esas figuras de arcilla, porque estaban dispuestas en formación de combate, como si aguardaran la orden del emperador para atacar, y no se oía ni una voz ni un clarín! ¡Qué espanto!

Roma

–Por las mismas fechas en que el primer emperador chino derrotaba a los reinos rivales, al Oeste, muy al Oeste, en el centro de Italia, los romanos ya habían iniciado sus inacabables guerras de conquista.

–¡Roma! –exclamó Sergio sin poder contener la emoción.

–Sí, Roma –repitió Heródoto. Luego añadió–: Ninguna otra ciudad ha sido tan famosa ni ha acumulado tanta gloria en la historia.

A los pies de Sergio y Heródoto, como si la ventana de la habitación fuera la ventanilla de un avión que da algunas vueltas antes de decidirse a aterrizar, apareció el Coliseo y la curva del río Tíber, donde la ciudad había empezado a existir en el siglo VIII a. C.

–Los romanos no eran tan imaginativos como los atenienses o los chinos –dijo Heródoto–, pero eran muy prácticos y tenían mucho, muchísimo orgullo. Amaban su ciudad, y querían que fuera poderosa. Además, los romanos eran muy, muy tenaces. Una vez que querían algo, lo conseguían. Aunque tardaran trescientos años.

–¡Trescientos años! –exclamó Sergio boquiabierto.

–La gran habilidad de Roma –siguió Heródoto– fue producir generales y soldados. Poco antes de que muriera Alejandro en Babilonia, los romanos ya habían empezado a conquistar toda Italia. Trozo a trozo, ciudad a ciudad, sus invencibles ejércitos, llamados legiones, dominaron a todos sus vecinos. Todos se rindieron al poder aplastante de Roma: los pueblos del Lacio, campesinos, duros, pobres y muy belicosos, los etruscos del norte, amantes del lujo y el arte, y los **colonos** griegos del sur, ricos en mares y en saber. El año 265 a. C. Roma ya gobernaba la península italiana entera. Fue entonces cuando apareció en el horizonte la sombra poderosa de Cartago, la populosa ciudad levantada por los fenicios sobre la bahía de Túnez, en la costa africana del Mediterráneo. Cartago –repitió Heródoto– fue el mayor y más encarnizado enemigo de Roma.

Heródoto permaneció en silencio mientras observaba los signos de sorpresa que se dibujaban en la cara de Sergio. Luego continuó:

–Los cartagineses –explicó el anciano historiador con un extraño entusiasmo– eran comerciantes que negociaban con marfil, oro y paños. También eran grandes marinos y sus barcos recorrían enormes distancias por el mar y llevaban a todas partes sus mercancías. Los cartagineses eran un adversario muy peligroso, porque eran muy ricos y podían hacer que muchos soldados extranjeros combatieran a su lado a cambio de dinero.

–¿Y por qué se enfadaron los romanos con ellos? –preguntó Sergio.

–Porque Cartago –explicó Heródoto– era un obstáculo para los planes de grandeza de Roma.

Eso dijo Heródoto. Y a continuación:

–La guerra, que parecía inevitable, empezó en el 250 a. C., y fue larga y muy cruenta. Los romanos ganaron los primeros enfrentamientos: en el 240 a. C. se apoderaron de la rica isla de Sicilia y un año después ocuparon la isla cartaginesa de Cerdeña. Pero los cartagineses no estaban acabados. Lo demostraron reanudando la lucha con más fuerza, ahora bajo las órdenes del valiente Aníbal.

–¿Aníbal? –quiso saber Sergio.

–Aníbal era un joven general cartaginés que había prometido destruir Roma. ¡Y casi lo consigue! Aníbal era inteligente y fuerte, sabía sorprender al enemigo y desatar el pánico en sus filas de soldados lanzando al ataque a sus temibles elefantes. Lleno de odio contra Roma, Aníbal se puso al frente de un ejército victorioso que cruzó España, marchó por el sur de Francia, atravesó los Alpes y se adentró en Italia. Tres veces derrotó Aníbal a los romanos, y quince años estuvo en la península italiana con su fiero ejército, arrasando campos y aldeas. Pero Roma resistió, y poco después venció a Aníbal en la batalla de Zama, en el norte de África. Era el año 202 a. C.

Ahora, horrorizado, Sergio vio a los soldados y jinetes romanos haciendo frente a los elefantes de Aníbal. Provistos de torres, los temibles elefantes avanzaban delante de los guerreros cartagineses con la trompa acribillada a flechazos, envueltos en una gran polvareda. Algunos romanos intentaban saltarles los ojos; otros, deslizándose bajo sus vientres, les hundían una espada hasta la empuñadura y morían aplastados; los más intrépidos se agarraban a sus correas e intentaban dominarlos bajo las flechas y las bolas de plomo que cruzaban el aire. El tumulto de la batalla era tan fuerte y el polvo tan espeso que muy pronto fue imposible distinguir nada.

–Aquella batalla marcó el final de Aníbal, pero no el final de las luchas entre romanos y cartagineses –dijo Heródoto de pronto–. Todavía tuvo lugar otra gran batalla, porque apenas medio siglo después de la lucha de Zama, Cartago era otra vez rica, y para algunos romanos peligrosa. Había uno especialmente, llamado Marco Porcio Catón, que decía sin cesar: «¡Cartago debe ser destruida!». Y así fue: en el año 146 a. C. Roma envió otro ejército contra Cartago, y su general, Escipión Emiliano, arrasó la ciudad para siempre.

Heródoto hizo una pausa, y luego añadió:

–Tras derrotar a Cartago, Roma se convirtió en la ciudad más poderosa del mundo. La espada de la guerra dio a Roma el control de todo el Mediterráneo. Los pasos de los soldados romanos y el **chapoteo** de los remos de sus barcos se pudieron oír entonces desde la más oriental a la más occidental de las costas del Mediterráneo, incluso más allá del estrecho de Gibraltar, una región a la que los griegos nunca habían llegado. Roma conseguía así algo que jamás había sido alcanzado antes y que jamás sería alcanzado después: el dominio y la unidad completa del Mediterráneo.

Heródoto hizo una pausa, y después continuó:

–Durante todas estas victorias, Roma obedeció al Senado, donde un pequeño número de romanos, dueños de extensos campos de cultivo, discutía sobre la política que debía seguirse en cada momento. Roma, además, era una República con unas leyes que todos debían respetar. Pero después de aplastar a Cartago, ni la ciudad ni el imperio, enorme y siempre en expansión, fueron ya fáciles de gobernar. Ahora –explicó Heródoto–, los romanos eran dueños de un inmenso territorio y el Senado no podía controlar a los generales, que conquistaban nuevos países al Norte, al Sur y al Este, y acumulaban cada vez más y más poder. La guerra era su profesión favorita, y como cosecharon victoria tras victoria se acostumbraron a desobedecer al Senado y a imponer sus ideas por las armas, peleando los unos contra los otros. Uno de esos generales fue Julio César, que se hizo dueño y señor de Roma después de una serie terrible de luchas entre romanos.

Sergio vio ahora a Julio César entrar en Roma al frente de sus **lugartenientes,** entre música **festiva** de trompetas y aclamaciones del pueblo. Llevaba consigo el botín de sus conquistas y los prisioneros de las guerras de las Galias, que había conquistado con sus fuertes legiones. Iba de pie en su carro y avanzaba, orgulloso y muy serio, entre el griterío de la multitud.

–Julio César era un gran político y un excelente orador, y además tenía grandes planes para poner orden en el imperio. Tras su victoria, como **dictador** de Roma y jefe absoluto de las legiones no necesitaba más que extender la mano para hacerse con la corona imperial. Pero los romanos eran orgullosos. Muchos toleraban mal a los reyes. Muchos pensaban también que era mejor la libertad y el desorden que la paz impuesta por un solo hombre. Eso habían dicho en el Senado Cicerón y Catón, dignos ciudadanos romanos, defensores de la idea más noble de la República, la idea de la libertad, y enemigos de una Roma corrompida y humillada, sometida al poder del más fuerte entre los generales. Eso mismo pensaban también el joven Bruto y el joven Casio. Los dos se pusieron al frente de una **conjura** para asesinar a Julio César. Lo mataron en el Senado.

Heródoto relató entonces aquel suceso y Sergio vio cómo los conjurados rodeaban por todos lados al gran general, que sorprendido, sin nadie que acudiera en su ayuda, caía muerto bajo las espadas de sus asesinos.

–Los conjurados –dijo Heródoto– tenían únicamente la fuerza necesaria para hundir sus puñales en el cuerpo de un hombre indefenso. Asesinaron a Julio César, pero no pudieron vencer a Octavio, que tras nuevas y largas luchas se proclamó emperador de Roma. Eso ocurrió en el año 44 a. C.

–Ah –dijo Sergio pensativo.

–Todopoderoso en vida, venerado como un dios en la muerte, con mucho talento para la **intriga** y el **disimulo,** el inteligente Octavio trajo paz a Roma, que continuó extendiéndose y conservando lo que conquistaban las legiones.

–¿Más aún? –preguntó Sergio.

Pero Heródoto apenas escuchó ahora al niño.

–Con Octavio –dijo el anciano historiador– muere la República para siempre y empieza el tiempo de los emperadores. Los césares, que era como se llamaba a los emperadores, consideraban muy importante que su autoridad fuera respetada. Tenían en sus manos toda la fuerza de Roma, y no permitían la crítica ni la desobediencia. Si ordenaban algo, debía hacerse, y rápido. ¡Y pobre de aquel que se negara a cumplir sus deseos! Ya podía darse por prisionero o muerto, porque tratar de huir de la ira del emperador era un esfuerzo inútil. No había refugio para aquel que le hacía enfadar. Si escapaba de Roma y bajaba hasta el mar, allí se topaba con los soldados del emperador. Si navegaba por el Mediterráneo y huía hasta las más lejanas regiones de la tierra, allí también se encontraba con el emperador o con sus generales.

Poder tan grande maravilló y asustó a Sergio, sobre todo después de que Heródoto le dijera que las fronteras de Roma sólo existían en la voluntad y la resistencia de sus soldados, que acampaban aquí y allá, en desiertos o bosques, a lo largo de las orillas de los ríos y mares, y que llegaron, Rin abajo, después de dominar Francia, nada menos que a Alemania.

–Bajo los emperadores –siguió Heródoto–, Roma creció hasta alcanzar un tamaño casi imposible de gobernar. Las ciudades del imperio, llenas de templos y teatros, de **hipódromos** y jardines, de majestuosos palacios y casas sencillas, de mercados y tristes esclavos, eran lugares de sabiduría y de riqueza, pero ninguna podía competir con Roma, la más fascinante y ruidosa. La ciudad del Tíber fue la primera del mundo que tuvo una población cercana al millón de habitantes.

Heródoto habló entonces de los teatros, más grandes aún e impresionantes que los griegos; del Coliseo, donde se celebraban las luchas de gladiadores y los combates con fieras; del Foro, donde se discutía de lo divino y de lo humano; de las termas, con salas para baños calientes y fríos, y otras para baños de vapor y ejercicios deportivos; de los barrios pobres y peligrosos, y de las mansiones de los ricos, decoradas con hermosos **mosaicos** y lujosos muebles, con jardines encantadores, maravillosas estatuas y fuentes de agua fresca.

Heródoto también habló de los poetas y oradores romanos, que se esforzaban por parecerse a los griegos; de los historiadores, que escribían sobre el remoto y también reciente pasado de Roma, y de los filósofos, que admiraban la sabiduría de la vieja Atenas. Habló del gran Virgilio, que describe la campiña romana en bellos versos; del elegante Horacio, que nos invita a vivir el presente; de Ovidio, el poeta de los tristes **destierros** y

los muchos amores; y de Marcial, que convierte la vida cotidiana de los romanos en una continua carcajada. Habló también del sabio emperador Marco Aurelio, que recordaba agradecido a quienes le educaron para ser como era, y se aconsejaba a sí mismo, escribiendo «Sé justo, compasivo, ecuánime», y también «Cumple tus deberes sin esperar recompensa».

–Los alrededores de Roma eran muy secos –dijo Heródoto dando un giro inesperado a su historia–, y al crecer en tamaño y población la ciudad necesitó mayores cantidades de agua potable. Los acueductos trajeron esa agua a Roma, que así siguió creciendo sin límites.

Heródoto explicó entonces a Sergio cómo aquellas magníficas conducciones de agua partían de montañas lejanas y descendían a los valles, hasta las ciudades, donde se instalaban luego las fuentes y los baños.

–Los romanos –añadió Heródoto mientras Sergio contemplaba enmudecido un acueducto– también sabían hacer carreteras mejor que nadie: sabían cómo y dónde construirlas, y sobre todo, sabían hacer que durasen. Los caminos romanos –dijo el anciano historiador con **énfasis–** atravesaban Italia, cruzaban las provincias conquistadas por las legiones y sólo terminaban al llegar a las lejanas fronteras del imperio. No eran caminos vulgares. Las calzadas romanas discurrían en línea recta de una ciudad a otra, atravesaban montañas y cruzaban ríos y pantanos mediante soberbios puentes. Los correos podían viajar a toda velocidad por aquellos caminos y las legiones trasladarse a cualquier rincón en poco tiempo.

La calzada apareció de pronto, a orillas de un río, entre oscuros bosques y suaves colinas, y durante un rato Sergio vio jinetes lanzados al galope, legionarios marchando, campesinos y mercaderes, filas de esclavos custodiados por soldados, incluso la **caravana** de un viejo senador que abandonaba el bullicio de Roma para buscar un poco de paz en su agradable casa de campo.

–Los romanos no sólo dieron al mundo una gran literatura, hermosas ciudades con termas y teatros, prácticos puentes y carreteras –añadió Heródoto–. También dejaron al mundo el recuerdo de su notable derecho.

–¿Qué es el derecho? –preguntó Sergio, que nunca renunciaba a formular una pregunta una vez que algo se le hacía confuso.

–El derecho es el conjunto de reglas que dicen cómo hay que vivir, y que deben respetar todos los ciudadanos, importantes o insignificantes, pobres o ricos –respondió Heródoto–. Los romanos cumplían y amaban sus antiguas leyes y costumbres, eran grandes estudiosos de ellas y nunca dejaron de intentar mejorarlas. Allí donde llegaban sus legiones, llevaban consigo su derecho, que hablaba de herencias y contratos, y distinguía a las personas según fueran esclavos, hijos, padres, mujeres o esposos.

Heródoto alabó las leyes romanas, y luego dijo:

–Todos los caminos, pequeño Sergio, salían del Foro de Roma. Todos conducían a Roma. Roma dictaba la ley y sus ejércitos se aseguraban de que hubiera paz a lo largo y ancho del imperio, desde el mar Negro hasta el norte de Inglaterra. Las ciudades y provincias conquistadas por las legiones mandaban alimentos, soldados y riqueza a Roma, y Roma, a cambio, les ofrecía su protección y su inmensa cultura.

Heródoto guardó un breve silencio. Luego, después de comprobar que Sergio ya se aburría un poco, dijo:

–En una de esas ciudades tiene lugar nuestra siguiente historia.

La palabra de Jesús

De nuevo Jerusalén, la capital de los judíos, bordada de higueras, pinares y olivares plateados, blanca y rojiza bajo el ardiente sol.

–¡La ciudad de los profetas! –reconoció Sergio, que parecía otra vez intrigado.

–Sí –comentó Heródoto–. Ésa es Jerusalén, la vieja ciudad santa de los hebreos. El imperio siempre en expansión de Roma llegó aquí en el año 63 a. C. También aquí apresaron y mataron a Jesús, justo en un momento en que muchos judíos tenían la esperanza de que Jehová salvaría a su pueblo de la ocupación romana.

Heródoto esperó un momento. Luego dijo:

–Jesús nació en tiempos de Octavio Augusto, en Belén, un pequeño pueblo de Palestina escondido entre las montañas. Nada más cumplir treinta años dejó el oficio de carpintero, abandonó Nazaret, donde vivía con sus padres, y empezó a predicar como un profeta en compañía de doce discípulos.

–Los doce apóstoles –añadió Sergio, que ya sabía quién era Jesús y que había mostrado un profundo cariño por los desamparados: por los pobres, los enfermos y los que sufrían. También sabía que, según las enseñanzas de Jesús, no importa si una persona es rica o pobre, distinguida o humilde, señor o esclavo, un sabio o un niño, y que lo importante es la caridad y el amor de Dios, dispuesto siempre a perdonar.

–Jesús –siguió Heródoto– hablaba del amor inagotable de Dios y decía que los mendigos, los que lloran, los que tienen hambre y sed de justicia, los **misericordiosos** y los limpios de corazón son bienaventurados en su **desdicha.** También comentaba las historias sagradas de la Biblia y decía que llegaría un día en que no existiría ni el poder de los emperadores ni ningún otro, un día en que el hombre formaría parte del reino de la verdad y la justicia: el reino de los cielos. La gente se reunía en torno a Jesús para escucharle, pero su vida como profeta fue muy, muy breve. Apenas duró tres años. Sus palabras, a veces muy críticas con los poderosos, enfadaron a los líderes judíos, que lo juzgaron por blasfemia y después lo entregaron al gobernador de Judea, el romano Poncio Pilatos, para ser condenado a muerte. Jesús fue azotado y luego clavado en una cruz junto a dos ladrones.

Primero, apareció el palacio de Herodes el Grande. Poncio Pilatos, recostado sobre un sillón, junto a una fuente, levantaba los ojos hacia el detenido, un hombre joven que vestía una túnica vieja y rota. El preso era Jesús. Llevaba las manos atadas a la espalda, bajo el ojo izquierdo tenía un arañazo con la sangre ya seca y respondía a las preguntas del procurador romano.

Luego, otra vez Pilatos, pero ahora dando el **visto bueno** a la sentencia de muerte pronunciada por el tribunal judío. Después, el monte Calvario, los ojos de dolor de Jesús, moribundo en la cruz, y una placa sobre su cabeza escrita en latín, griego y hebreo: «Jesús de Nazaret, rey de los judíos». Más tarde, María, la madre de Jesús, llorosa al pie de la cruz, mirando amorosamente a su hijo mientras el sol desaparecía antes de llegar al mar, tragado por una nube de tormenta, amenazadora e inconmovible.

Todo eso vio Sergio, que ahora parecía muy triste.

–Todas las enseñanzas de Jesús pueden resumirse en estas maravillosas y también terribles palabras –dijo Heródoto de pronto–: «El que quiera venir conmigo, que se niegue a sí mismo, que cargue con su cruz y me siga». Los apóstoles y muchos más así lo hicieron. Todos ellos se llamaron cristianos, siguieron las enseñanzas de Jesús y propagaron por las ciudades y tierras del imperio romano su ardiente palabra. Todos repetían que aquélla era la palabra del hijo de Dios, que Jesús había resucitado después de muerto y había ascendido a los cielos, y que allí, en el reino de los cielos, esperaría hasta el día del juicio, momento en que volvería a la tierra para castigar a los malos y premiar a los buenos. También decían que no había ni judíos ni griegos, ni esclavos ni libres, ni varones ni hembras, porque Jesucristo no hacía diferencias y quería a todos por igual.

Eso dijo Heródoto antes de explicar que los cristianos no tardaron en llamar la atención de los emperadores, y que éstos, a menudo, los persiguieron porque se negaban a venerar al César como a un dios. Nerón, por ejemplo, acusó a los cristianos de incendiar Roma en el año 64 d. C., ordenó que fueran apresados y los condenó a morir en el circo, desgarrados por fieras salvajes, o presos de las llamas, quemados vivos como antorchas.

–Los hombres y mujeres que abrazaban la palabra de Jesús en los tiempos de Roma tenían que ser muy valientes –añadió Heródoto–. La última y más dura de las persecuciones se produjo a finales del siglo III d. C., con el emperador Diocleciano, pero sólo sirvió para fortalecer más las creencias de los cristianos. La sangre de los **mártires** –resumió Heródoto– era semilla de nuevos cristianos.

Los ojos de Sergio brillaron y mostraron asombro. La imagen que ahora tenía delante ponía los pelos de punta: hombres y mujeres sencillos reunidos en catacumbas, alejados de la luz del día, escondidos en galerías y cámaras bajo tierra, en cuyas paredes había dibujos muy sencillos de la Biblia. Sobre el lamento de

aquellas personas, que ahora empezaban a calmarse, se elevaba la voz de un anciano que decía: «Hay un Dios y creo en Él, y Jesús es su hijo, y creo en Él». La multitud asustada respondía a esas palabras con un largo murmullo que parecía de alivio.

–Tiempo después, apenas unos años después –resumió Heródoto–, el sucesor de Diocleciano, el emperador Constantino, hizo algo que nadie se esperaba. Al tratar a todos por igual, el cristianismo le pareció a este emperador una religión muy adecuada para un imperio formado por romanos, griegos, judíos, persas, eslavos, germanos, francos, hispanos, egipcios y muchos otros. Por esa razón, no sólo decidió que ya no debía perseguirse a los cristianos, sino que él mismo se hizo cristiano y además convirtió las enseñanzas de Jesús en la religión oficial del imperio.

–Ah –dijo Sergio–. ¿Y los cristianos ya no tuvieron que esconderse?

–Nunca más –dijo Heródoto–. Constantino devolvió a los cristianos las propiedades que les habían quitado sus antecesores, construyó por todo el imperio grandes iglesias, una de las más hermosas en Jerusalén, y convirtió a los obispos y arzobispos en hombres poderosos con gran influencia sobre el Estado.

La Edad Media

El segundo sabio

Aquélla fue la última historia que Heródoto contó a Sergio. Todas las tardes, durante diez días, mientras la noche abrazaba las casas y los árboles, el anciano historiador había aparecido en la habitación de Sergio con nuevos cuentos de la Antigüedad. Todas las tardes, Sergio había esperado sus relatos con entusiasmo, tal y como la noche anterior se espera un día de fiesta. ¡Qué ilusiones, qué sueños despertaba en él la voz de Heródoto! Pero aún faltaba mucho por ver. Todavía quedaban tantas historias que escuchar. La diosa Clío había hablado de ¡seis sabios! Por eso, Sergio no se sintió desgraciado ni demasiado triste cuando Heródoto le confesó que debía irse.

–Ahora –dijo Heródoto exhalando un profundo suspiro– debo irme.

–Adiós –dijo Sergio en voz muy baja.

El segundo sabio apareció al día siguiente. Se llamaba Ibn Jaldún. Llevaba un turbante blanco en la cabeza y vestía una túnica larga y de color verde. Ibn Jaldún tenía barba, la piel muy morena, tostada por el sol, y se presentó a Sergio con estas palabras:

–Soy Abd-ar-Rahman ibn Muhammad ibn Jaldún al-Hadrami. Todos me llaman Ibn Jaldún. También me llaman el tunecino, el sevillano, el africano, pero en realidad no pertenezco a ningún país, a ninguna ciudad, a ninguna tribu. Nací en Túnez, en el norte de África, en el año 1332. Mis antepasados proceden de la querida ciudad de Sevilla, pero yo soy de todas partes. Mi patria son los libros. He conocido las guerras y las epidemias, el oro de los príncipes y la pena de los presos. Las lenguas más sabias de mi tiempo me pertenecen, y por mi boca oirás el griego, el árabe y el latín. He sido embajador en la corte castellana de Pedro el Cruel y he conocido al terrible Timur el Cojo, el mongol Tamerlán, el azote de Oriente. He alabado las mil

sugerencias de la ciudad y celebrado el agua de un pozo en el desierto. He visto **agonizar** imperios y desplomarse dinastías. He tenido una existencia viajera: mi sabiduría ha vivido en Bagdad, Damasco y El Cairo, mi angustia en Fez, mi pasión en Granada, y en Túnez vive aún mi niñez. He dedicado mi estudio a la escritura de la historia, y en unas memorias que redacté hace mucho tiempo puedes ver esta escena: a mí, en una casa de El Cairo, en Egipto, escribiendo de derecha a izquierda, como un mercader que hace balance al final de un largo viaje, como un buen musulmán que sabe que sólo es de Alá y del viento.

Eso dijo Ibn Jaldún, a quien Sergio contemplaba intrigado.

–Quien recorre los climas y las ciudades –añadió Ibn Jaldún con un fondo de amargura en los ojos– ve muchas cosas y escucha muchas historias que son dignas de contar. Yo he visto muchas veces el destino atropellar de golpe a los hombres, como un camello ciego, y he comprobado con mis propios ojos que los imperios, como los hombres, crecen, maduran, envejecen y mueren. También he comprobado que la cultura puede desaparecer bajo el acero de la espada. Pregúntate una cosa: de los antiguos pueblos de los que te ha hablado el sabio Heródoto, ¿dónde está el eco? ¿Qué ha llegado a ser de los egipcios... de Babilonia... de los asirios... de los persas... de Nínive y Persépolis... de los griegos, de cuya sabiduría apenas queda una pequeñísima parte? La época en que transcurren las historias que voy a contarte, llamada Edad Media, muestra esta verdad: que el mundo puede ser atroz, que todas las dinastías y todas las ciudades desaparecen.

Las invasiones bárbaras

–Ni antes ni después –comenzó Ibn Jaldún la primera de sus historias– se ha visto nada parecido a Roma.

–Eso me repetía Heródoto –dijo Sergio.

–Roma estaba más preparada para la guerra que Grecia y más capacitada para imponer la paz y el orden a los pueblos que conquistaba. Roma creó una magnífica red de calzadas que unía Europa con los desiertos de Arabia, y dentro de ella brotaron las ciudades a miles y creció una gran zona de comercio como el mundo no había conocido hasta entonces. Roma creó una patria común, algo que ni los griegos ni el gran Alejandro de Macedonia pudieron conseguir. Bajo el imperio, no había ciudadanos de Nápoles o de Córdoba, de Marsella o de Alejandría, de Atenas o de Siria, sino ciudadanos romanos, nada más. Todos se beneficiaban de las leyes romanas, que eran claras y firmes. Todos se beneficiaban también de los avances de Roma. Los logros de los romanos fueron colosales, y para darse cuenta basta considerar la grandísima extensión del imperio. Ellos lo

sabían y llegaron a creer que Roma duraría siempre. Pero Roma no fue eterna: entró en crisis y se derrumbó.

Eso dijo Ibn Jaldún, que observó durante un rato a Sergio. Luego prosiguió:

–El emperador Constantino murió en el año 337 y fue enterrado en la ciudad de Constantinopla, una maravillosa ciudad al borde del mar Negro que él mismo había fundado hacía poco, que había rodeado de murallas y había llenado de palacios e iglesias. El imperio romano estaba ahora dividido en dos partes, la occidental, donde aún resplandecía la magnífica Roma, y la oriental, ahora la más rica, con su **corte** en Constantinopla. A primera vista, el imperio parecía fuerte y unido como en los tiempos de Octavio Augusto. Pero sólo a primera vista, porque la

grandeza de Roma había pasado ya, y si conservaba algo de su antiguo brillo era a costa de machacar a sus gentes y convertirlas en máquinas de pagar **impuestos.** El imperio se enredó, además, en un gran lío de traiciones y rebeliones. Los emperadores eran puestos y reemplazados por el ejército y asesinados por bandas de conspiradores, y como sabían que no vivirían mucho tiempo no les importaba ser malvados con sus súbditos.

Ibn Jaldún hizo una pausa, y después dijo:

–A finales del siglo IV, Roma, debilitada por el lujo, la corrupción y las guerras civiles, estaba afectada en su mismo corazón por una enfermedad que nadie sabía curar. Los bárbaros tenían una solución: reducirla a cenizas. Y eso hicieron.

–¿Quiénes eran los bárbaros? –preguntó Sergio–. ¿De dónde salieron? –dijo muy preocupado.

–¿Recuerdas la muralla china? –contestó Ibn Jaldún–. ¿Recuerdas también los pueblos guerreros que recorrían las estepas del Asia Central y penetraban después en las tierras vecinas, mataban a todo el que encontraban y desaparecían de nuevo, llevándose todo lo que podían cargar sobre sus caballos? –añadió Ibn Jaldún–. Son los hunos, jinetes de piel amarillenta, pequeños, muy feroces y despiadados. Y fueron los hunos quienes al chocar con la muralla china y dirigirse hacia el Oeste forzaron a muchos otros pueblos bárbaros a buscar refugio en las fronteras del imperio romano.

Ibn Jaldún habló entonces de aquellos pueblos guerreros. Habló de las numerosas tribus germánicas. Contó cómo vivían en tiendas y cómo se desplazaban a caballo, en largas caravanas a través de bosques, pantanos y praderas: los guerreros, leales a su capitán y a su tribu, precedían y seguían a los carros, y dentro de los carros se amontonaban las mujeres, los viejos y los niños.

–Los visigodos –siguió Ibn Jaldún– fueron los primeros de estos pueblos en dar un gran golpe a los romanos. Los emperadores trataron de pactar con ellos, ofreciéndoles tierras donde vivir y dándoles misiones militares que cumplir, pero sus esfuerzos no dieron resultados: a las órdenes de su rey Alarico, los visigodos marcharon contra Italia y la saquearon en el año 410.

–¡Oh! –dijo Sergio estremecido, mientras veía arder partes enteras de Roma y empezaba a comprender el significado de las invasiones bárbaras.

–Las sangrientas correrías de los visigodos por Italia obligaron a los romanos a retirar muchos soldados de las fronteras de las Galias y Bretaña para protegerse de esos ataques –dijo Ibn Jaldún–. Los demás pueblos germánicos, que habían esperado este momento durante siglos, penetraron entonces en la parte occidental del imperio con la fuerza de un violento huracán. Todos cruzaban el caudaloso río Rin, entraban en las Galias, luchaban y vencían, y si eran derrotados aparecían detrás de ellos otros pueblos que triunfaban a su vez. Todos quemaban y asolaban las ciudades y se apoderaban de todo el oro y la plata y los objetos preciosos que encontraban.

Ibn Jaldún hizo una pausa. A continuación dijo:

–Los vándalos **devastaron** las Galias y la rica Hispania; más tarde cruzaron el estrecho de Gibraltar, conquistaron todo

el África romana; y después cruzaron de nuevo el Mediterráneo y saquearon Roma por segunda vez. Les siguieron los feroces hunos en una marcha a través de Hungría, las Galias e Italia. Su jefe se llamaba Atila, y de él se decía que por donde pisaba no volvía a crecer la hierba. Ninguna legión podía detenerle. La gente huía al saber que se acercaba. Las aterradas ciudades le abrían sus puertas. Atila murió el año 453, y su muerte supuso el fin de los jinetes hunos. Pero la desaparición de las **hordas** de Atila no cambió nada. Todo continuó igual de revuelto, porque a los hunos les sucedieron los ostrogodos, otro pueblo bárbaro que invadió las Galias, cruzó los Alpes y sacudió y conquistó la península italiana entera.

Sergio había escuchado la historia de las invasiones con mucha pena. Las imágenes de pánico y brutalidad bailaban ahora en su cabeza. También bailaban en su cabeza, hechos un ovillo, los nombres de los pueblos bárbaros. Sergio no entendía tanta locura, pero callaba. Se sentía cansado. Se sentó en la cama.

–Todo esto resulta muy triste, es verdad –dijo después de un breve silencio Ibn Jaldún, mientras se sentaba junto a Sergio–. Toda la parte occidental del imperio romano, Inglaterra, Bélgica, Francia, Italia, España, parte del norte de África, se vino abajo como un camello que se arrodilla. Las llamas consumieron una cantidad incalculable de libros y ciudades. La oscuridad y el hambre se extendieron por Europa. El orden desapareció y la fortuna huyó de las antiguas tierras que una vez habían dominado el mundo. Lentamente, cayó la noche de la Edad Media.

Bizancio, la nueva Roma

–Los pueblos bárbaros –empezó Ibn Jaldún en su segunda visita– hicieron añicos la parte occidental del imperio romano, pero la oriental consiguió **desembarazarse** de aquellos feroces invasores, y sobrevivió al desastre. Constantinopla, la hermosa ciudad que el emperador Constantino había fundado al borde del mar Negro, continuó siendo poderosa, rica en oro y en sabiduría. Aquí, en Constantinopla –insistió Ibn Jaldún–, se vació como una copa la cultura acumulada por el imperio romano, cuando Roma ya no era capital de ninguna parte.

Primero, Sergio pensó en Constantino, aquel lejano emperador que se había dejado convencer por los cristianos. Luego, como los viajeros que llegaban a Constantinopla en los tiempos medievales, vio el laberinto de agua de la hermosa ciudad. Constantinopla estaba rodeada de murallas tanto por tierra como por mar y tenía forma de cabeza de perro, con el hocico apuntando hacia Oriente.

–Constantinopla, situada entre Asia y Europa, heredó los restos de un imperio **maltrecho** al que, a partir de ahora, todos llamaron imperio bizantino –siguió Ibn Jaldún.

Sergio repitió aquel nombre, ¡Bizancio!, en voz muy baja, pensativo, mientras Ibn Jaldún comentaba que el idioma de la poderosa Iglesia de Constantinopla era el griego, y que el griego también sería la principal lengua de los sabios y estudiosos bizantinos.

–Bizancio –dijo Ibn Jaldún– alcanzó su máximo esplendor con el emperador Justiniano, que murió en el 565 y reinó durante treinta y ocho años. Nunca hubo una corte tan lujosa como la de Justiniano y la emperatriz Teodora. Justiniano vivía entre los muros del gran palacio imperial, envuelto en un complicado **protocolo** que lo apartaba de los ciudadanos, y del que formaban parte diversos inventos mecánicos, uno de los cuales elevaba su trono hasta el techo. Teodora no era menos orgullosa: para poder verla, los más altos funcionarios tenían que esperar horas, luego besarle los pies y no hablar hasta que ella lo ordenara. Jamás hubo un problema entre los esposos, pero sí vivieron momentos de mucho peligro.

–¿Qué momentos? –preguntó Sergio.

–Constantinopla era una ciudad revoltosa, y gobernar en ella suponía correr el riesgo de la rebelión y la muerte. Tampoco faltaban las intrigas entre los hombres importantes del imperio bizantino. En una ocasión, las protestas y los enfrentamientos que dividían Constantinopla cobraron proporciones alarmantes. Fue en el año 532. La tempestad estalló en el hipódromo, los revoltosos saquearon e incendiaron partes enteras de la ciudad, aullaban «¡Victoria! ¡Victoria!», y hasta eligieron a un nuevo emperador. Justiniano, acosado y acobardado en su palacio, estuvo a punto de huir, pero Teodora hizo que cambiara de idea con un discurso en el que afirmó que ella resistiría hasta la muerte.

Sergio no olvidaría jamás lo que Ibn Jaldún le contó entonces. Teodora, imagen de la firmeza y la belleza, vestida de seda rosa, adornada con piedras preciosas, cadenas de oro y perlas, decía ahora a su marido que él, Justiniano, era muy libre de huir: «Ahí están tus naves». Por su parte, ella no tenía intención de marcharse. «Es mejor morir siendo una emperatriz que vivir como una refugiada». Eso le dijo Teodora a Justiniano. También, llena de orgullo, exclamó: «El manto imperial es la más bella **mortaja»**. Después de escuchar esto, Justiniano rectificó y ordenó contraatacar: sus enemigos se **parapetaron** en el hipódromo, donde los soldados imperiales los machacaron.

–El general que reprimió la peligrosa revuelta fue Belisario –dijo Ibn Jaldún mientras treinta mil cadáveres quedaban esparcidos por el gran hipódromo de Constantinopla–, el general de Bizancio y el mayor ejecutor de los planes imperiales de Justiniano.

–¿Qué planes? –preguntó Sergio con mucha curiosidad.

–La ambición de Justiniano –respondió Ibn Jaldún– era resucitar la antigua Roma y unir de nuevo la totalidad del imperio romano bajo su gobierno. Nadie después de él estuvo tan cerca de conseguirlo: los ejércitos del emperador reconquistaron todo el África del norte, toda Italia, todas las islas del Mediterráneo, y una parte de España. Justiniano, además, mandó **recopilar** las muchísimas leyes de los antiguos romanos, con todas las observaciones que habían hecho los grandes eruditos y abogados.

Ibn Jaldún hizo una pausa. Luego continuó:

–La gran basílica de Santa Sofía refleja la gloria del imperio de Justiniano. Por fuera, Santa Sofía parece ahogada por sus gruesos muros. Lo maravilloso –dijo Ibn Jaldún– está en su interior.

Sergio se quedó sin respiración. Columnas, arcos, portales, alabastro y oro se unían como en un sueño para culminar en una gran **cúpula** que parecía suspendida de los cielos. Contemplada a la luz de velas humeantes, el destello y el brillo de los mosaicos de la basílica ofrecieron a Sergio un mágico espectáculo. El emperador, al verla terminada, había exclamado con orgullo: «Salomón, te he superado». A Sergio, Santa Sofía le pareció tan fantástica que enseguida supo que nunca, por muchas veces que lo intentara, iba a poder contarle a su hermana Blanca lo bonita que era aquella iglesia.

–Con su triple muralla de casi cien torres –dijo Ibn Jaldún–, Constantinopla creció entonces hasta alcanzar el millón de habitantes. Ninguna ciudad de aquellos tiempos, ni en los seiscientos años posteriores, pudo igualarla en riqueza.

Constantinopla fue la capital indiscutible del mundo en el orden financiero y comercial. Mercaderes de todos los confines, de Italia y Alemania, de Rusia, Egipto y del Oriente llegaban a la ciudad, en masa, para comprar los artículos de lujo que salían de sus fábricas. La vida bulliciosa de la gran ciudad nunca dejaba de asombrar al viajero con su puerto, sus comercios siempre llenos y sus impresionantes iglesias y palacios: su fama alcanzaba hasta China, país al que los bizantinos consiguieron robar el fabuloso secreto de la seda.

Constantinopla maravilló a Sergio. Ahora no veía ni oía nada de lo que decía el sabio Ibn Jaldún, que continuaba su cuento:

–Hasta el siglo XI, Bizancio fue una potencia dominadora. Los emperadores bizantinos cumplieron su deber con energía, éxito y soberbia, gobernando desde Constantinopla la mitad del mundo conocido. Luego, apareció en el horizonte la amenaza de los turcos, musulmanes procedentes de Oriente. También se produjeron los ataques de los cristianos de Europa, que expulsaron a los bizantinos de Italia y, a principios del siglo XIII, llegaron a dominar por un tiempo la bella Constantinopla. Repuestos de aquel susto, los bizantinos siguieron representando el papel de una gran potencia, pero su fuerza ya estaba debilitada. El desastre definitivo llegaría el año 1453, fecha en que los turcos conquistaron Constantinopla.

Los árabes

–Por las fechas en que murió Justiniano, en la segunda mitad del siglo VI, nadie hablaba de los árabes, que recorrían el desierto sobre sus camellos y vivían de sus rebaños y de atacar a los pueblos de los oasis.

–¿Qué son los oasis? –quiso saber Sergio.

–Los oasis son islas de tierra fértil en medio del inmenso mar de tierra reseca que es el desierto.

Así comenzó Ibn Jaldún otro cuento de la Edad Media.

–El desierto es muy bonito –comentó Sergio, que ahora tenía delante una infinita extensión de arena.

–Sí –dijo Ibn Jaldún–. Uno puede sentarse sobre una duna de arena. No ve nada. No escucha nada. Y sin embargo, siempre hay algo que brilla en silencio. Realmente, es maravilloso.

La arena se extendía por todas partes. Tan sólo a lo lejos se veían algunas palmeras separadas por grandes distancias. Hacia ellas se dirigía un jinete sobre un camello. De pronto, a lo lejos, se formaron uno, diez lagos, riachuelos y árboles, y toda una ciudad, con casas blancas en forma de cubos. También, de pronto, se esfumaron. Y luego brotaron otros al instante.

–Son espejismos –explicó Ibn Jaldún–, imágenes irreales que llenan de sueños los desiertos de Arabia.

A Sergio le gustaron mucho los espejismos. Ibn Jaldún dijo que aquél era el misterio que mayor encanto daba al desierto. Luego dijo:

–La mayor parte de Arabia se compone de áridas estepas y desiertos interrumpidos tan sólo por algún oasis. A principios del siglo VII Arabia estaba ocupada por tribus que a menudo se atacaban entre sí para conseguir camellos, esclavos y caballos, y para poner a prueba su valor de guerreros. Todas estas tribus adoraban a sus ídolos particulares, pero el más sagrado era una piedra que se encontraba en un santuario llamado Kaaba, en la ciudad de La Meca, situada en un oasis, a sesenta kilómetros del mar Rojo.

La ciudad de La Meca apareció en medio de la nada, inundada por el sol agonizante del desierto y por el colorido de las caravanas de camellos.

–Los árabes son los navegantes del desierto –dijo Ibn Jaldún–, pero la religión del islam, que es la religión más joven del mundo, no nació ni creció entre las dunas, sino en las ciudades amuralladas de los oasis. Aquí, en La Meca, vino al mundo Mahoma, su fundador. Mahoma –continuó Ibn Jaldún– era comerciante, viajó mucho por ciudades de Siria y Palestina y de Iraq, y a lo largo de sus viajes conoció las grandes religiones del mundo. Una creencia, compartida por los judíos y por los cristianos, le impresionó de manera muy especial: era el mensaje de que había un solo Dios. Mahoma se enamoró de esta idea y decidió convertirse en profeta. Durante un tiempo predicó en La Meca la grandeza del Dios único e invisible, llamado Alá, y anunció que aquellos que siguieran sus mandamientos irían al paraíso, mientras que a los demás les esperaban castigos. Todo ello le hizo ganar muchos enemigos, pues este mensaje negaba las tradiciones árabes. Los peores de estos enemigos fueron los celosos sacerdotes del santuario de La Meca, que agitaron el odio y la desconfianza contra el nuevo profeta. Mahoma huyó entonces hasta Medina, una ciudad a menos de cuatrocientos kilómetros al norte. Fue el año 622. Y entonces apenas contaba

Z

con seguidores. Diez años después, en el 632, Mahoma había conquistado La Meca, era el señor de Arabia entera y el jefe de un gran ejército preparado para realizar fabulosas conquistas en nombre de Alá y de su profeta.

Ibn Jaldún hizo una pausa. Luego añadió:

–Mahoma poseía una inteligencia política extraordinaria y dejó en Arabia una organización duradera, basada en el Corán.

–¿El Corán? –preguntó Sergio.

–El Corán es un libro sencillo y muy enérgico, que está escrito en árabe y que recoge el mensaje de Mahoma.

Ibn Jaldún entregó un viejo Corán a Sergio, que lo abrió con sorpresa, y luego le dijo que aquel libro, además de hermosas historias, contenía un código completo de leyes, normas para la vida y para el gobierno de una sociedad.

–Mahoma llevó a las tribus árabes una fe sencilla que las unió e inspiró –añadió Ibn Jaldún–. Había un Dios en el cielo, Alá, un jefe de los fieles para reinar en la tierra, el califa, y una ley, el Corán.

Eso dijo Ibn Jaldún, y a continuación le explicó a Sergio que el islam, como se llamó a esa nueva religión, quiere decir 'sumisión' a la voluntad de Dios. También dijo que a sus creyentes se les llama musulmanes, que significa 'aquellos que se someten'.

–Fueron las caravanas las que extendieron el islam a través de las ciudades de Oriente Próximo. Las caravanas –repitió Ibn Jaldún– y también los guerreros de la fe, que salieron de Arabia a lomos de sus caballos sin ningún miedo a las distancias y a los peligros.

Dicho esto, Ibn Jaldún hizo una pausa, y en ese tiempo Sergio vio a los árabes sobre sus rápidos camellos y caballos, con turbantes sobre sus cabezas y lanzas en alto. Luego dijo:

–Fue asombrosa la rapidez de las conquistas árabes. El mundo nunca ha visto nada semejante.

Ibn Jaldún explicó entonces que Mahoma murió el año 632 y que ¡veinte años después! su religión y su espada gobernaban desde las fronteras de Afganistán hasta Trípoli, más allá de Egipto.

–Lo que menos esperaban los bizantinos y los cristianos de Oriente es que del mismísimo desierto de Arabia, con sus tribus primitivas y dispersas, se les presentara el menor peligro. Pero eso es justo lo que ocurrió. Los guerreros del islam surgieron de pronto, envueltos en vendavales de arena, apuntando con sus lanzas en todas direcciones. Y en menos de cien años se apoderaron de riquezas jamás soñadas. Hacia el Este llegaron a Pakistán y conquistaron Samarcanda, en Asia Central. Hacia el Oeste se apoderaron de Alejandría, llegaron al estrecho de Gibraltar, se adueñaron de España y no pasaron a Francia porque un ejército de francos los derrotó el año 732 en los alrededores de Poitiers. Allí donde llegaban –dijo después de un silencio Ibn Jaldún–, los árabes levantaban sus mezquitas.

–¿Qué son las mezquitas? –repitió Sergio.

–La mezquita es para los musulmanes lo mismo que la iglesia para los cristianos: un lugar de culto para rezar a Dios. Los árabes las construyeron por miles, y algunas son construcciones realmente hermosas.

Ibn Jaldún enseñó a Sergio el templo de la Cúpula de la Roca en Jerusalén, la gran mezquita de Damasco y la de Córdoba. Sergio se quedó boquiabierto al contemplar aquellos tres soberbios bosques de entrelazados arcos y altas columnas. Aquellos edificios no parecían construidos con materiales firmes, con piedra o ladrillo, sino con soplos de luz y de sombra: soplos que destacaban o borraban el color rojo de los arcos, que agrandaban la hondura de las naves y multiplicaban el número de columnas.

–Los árabes no fueron siempre los rudos guerreros que habían sido en tiempos de Mahoma –señaló Ibn Jaldún mientras los ojos de Sergio recorrían el interior de la mezquita de Córdoba–. Al contrario: cuando se asentaron en las magníficas

ciudades de las que se habían apoderado por la fuerza y se apagó su furia guerrera, aprendieron infinidad de cosas de los pueblos que habían sometido.

A continuación, después de un breve silencio, Ibn Jaldún repasó:

–De los persas, por ejemplo, copiaron el gusto por los palacios suntuosos y los elegantes jardines. Más aún aprendieron de los griegos que vivían en las ciudades arrebatadas al imperio bizantino. Alejandría cayó en manos de los árabes en el año 642, y fue aquí, frente a las aguas tranquilas del Mediterráneo, bajo el sol deslumbrante de África y el recuerdo de Alejandro Magno, donde los musulmanes entraron por primera vez en contacto con la vieja e impresionante cultura griega. Los árabes tenían sus propias tradiciones literarias y no se interesaron especialmente por la poesía de Homero o las historias de Heródoto, pero sí leyeron con mucho agrado los escritos de Aristóteles, el famoso maestro de Alejandro Magno. De Aristóteles aprendieron a interesarse por las cosas de la naturaleza y muy pronto llegaron a ser destacados matemáticos, astrónomos, médicos o geógrafos, y con paciencia, tenacidad y sin descanso, se convirtieron, junto a Bizancio, en los grandes guardianes del saber antiguo.

–¿Cómo? –preguntó Sergio.

–De dos maneras: creando bibliotecas y traduciendo al árabe todos los libros griegos que encontraban –respondió el sabio Ibn Jaldún.

La ciudad de Bagdad apareció de pronto junto al río Tigris, con sus murallas circulares y sus fastuosos palacios, con su laberinto de mercaderes y sus numerosas bibliotecas.

–Las traducciones árabes se iniciaron bajo los califas omeyas, en pleno siglo VIII, en la ciudad siria de Damasco –afirmó Ibn Jaldún con entusiasmo–. Pero el período de mayor actividad fue el siglo IX y especialmente el reinado del califa Al-Mamun. De él se cuenta que tuvo un sueño, acaso el sueño más importante y afortunado de la historia, en el que se le aparecía Aristóteles.

–¡Aristóteles! –recordó Sergio.

–Después de aquella extraña visión, Al-Mamun envió sus emisarios en busca de tantos manuscritos griegos como pudieran encontrar y fundó en Bagdad un gran centro de traducción, la Casa de la Sabiduría. Más de diez siglos separaban al califa de Sócrates, Aristóteles o Platón, pero todo aquel inmenso océano de tiempo no fue ningún freno para su sed de saber. Al-Mamun convirtió Bagdad en la capital de los libros, cuyo número era tan incalculable como el de los mercaderes que comerciaban en el **zoco.**

Ibn Jaldún contempló un rato la ciudad. Dijo:

–Aquí, en Bagdad, casi se escuchaba el rumor de las palabras escritas, el de las pesadas hojas de los libros que pasaban los eruditos humedeciéndose el pulgar y el de los **cálamos** de los copistas que rozaban el pergamino o el papel para que perdurasen las obras de los griegos: los textos de medicina y astrología, los **venerados** libros de Aristóteles; las enciclopedias, que trataban de todos los asuntos posibles, o aquel fabuloso tratado de matemáticas que introdujo los números que ahora utilizan todos los niños del mundo. El 0 y el 1, 2, 3, 4... y el 12 y el 20 y el 200, etcétera. ¡Imagínate si aún tuviéramos que sumar y multiplicar con los números romanos!

–¿Cómo sería? –preguntó Sergio, que jamás había visto un número romano.

–Los romanos escribían 13 así: XIII. Y 111 de esta forma: CXI. Y 1114 así: MCXIV.

–¡Qué lío! –resopló Sergio.

–Pero con las cifras árabes es mucho más sencillo. Son bellas y fáciles de escribir.

Eso dijo Ibn Jaldún. Luego añadió que los árabes habían copiado la idea de aquellos números tan sencillos de un tratado que un viajero indio había llevado a Bagdad en el siglo VIII. Dicho esto, se calló y contempló Bagdad un buen rato. La belleza de las construcciones hablaba del esplendor de la gran ciudad mientras la mañana clareaba entre la plata de los arrabales.

–¡Ah, Bagdad! –exclamó de pronto–. ¡Qué poderosa fuiste! ¡Cuánta guerra has provocado! ¡Cuántas hojas de acero se desenvainaron contra tus murallas! Tantas como dinastías, pues también tú, Bagdad, estabas llamada a **perecer.**

Un mundo oscuro

La cuarta tarde que visitó a Sergio, Ibn Jaldún habló de la ignorancia que reinó en Europa después de la caída del imperio romano, mientras Bagdad sorprendía a los viajeros con su belleza. Este cuento de la Edad Media fue muy corto, pero impresionó mucho a Sergio. Todo era tan oscuro, tan violento, tan triste...

–Los desastres que sufrió Europa tras la caída de Roma fueron tremendos –dijo Ibn Jaldún–. La asolaron continuas guerras entre los pueblos bárbaros, y se fue hundiendo despacio en una larga noche que duró cinco siglos. Las carreteras y los campamentos romanos se estropearon y convirtieron en ruinas cubiertas de hierba. Las ciudades se habían despoblado, y ya no eran seguros los caminos ni prosperaba el comercio. En la misma Roma, las ovejas pastaban en los antiguos foros de los emperadores. Los cronistas de aquel tiempo dicen que los hombres se mataban los unos a los otros como fieras. Y en verdad fue un mundo gobernado por la ley del más fuerte y ahogado en la pobreza, un mundo con bandas de vagabundos dedicados al saqueo y con padres que matan a sus hijos para librarlos del horror de vivir.

Después de un respiro, Ibn Jaldún dijo:

–Las buenas leyes romanas habían caído en el olvido y cualquier hombre que poseyera una fortaleza y mandase una tropa de jinetes gobernaba las tierras de su alrededor porque podía proteger a la gente vecina de ladrones e invasores.

De pronto apareció un castillo, solitario en lo alto de una colina, con sus fuertes murallas y su puente levadizo, y no muy lejos, una pequeña aldea envuelta en la niebla, con casas pequeñas y sencillas. Sin duda, pensó Sergio, en aquel castillo vivía un poderoso señor junto a su familia, sus sirvientes y sus soldados. Pero no dijo nada, pues Ibn Jaldún seguía con su descripción:

–Sólo una minoría sabía leer y escribir. La gente apenas viajaba, era muy supersticiosa, creía en milagros y cuentos fabulosos y apenas conocía a sus vecinos. Las únicas noticias que interesaban entonces estaban en el Evangelio y todos querían oír el mensaje de Cristo explicado por los sacerdotes en las iglesias y por los predicadores en las plazas de los pueblos y en los cruces de los caminos. La buena nueva de Jesús, la religión del Dios único y bondadoso, brillaba en aquella noche oscura con el calor de una madre. Todos vivían obsesionados con Dios: los campesinos y los pobres, los pordioseros y los reyes, incluso los mejores y más brillantes sabios de la época. Pensaban en Dios, estudiaban a Dios en el Antiguo y el Nuevo Testamento,

trataban de descubrir su voluntad y obedecerla, e intentaban saber los propósitos que Dios tenía para el mundo y ayudarle a que se cumplieran.

Hubo un silencio. Luego, Ibn Jaldún continuó:

–La Edad Media fue más espiritual que la Antigua y se apasionó menos, o nada, por la ciencia y la filosofía, por lo menos en Europa. La vida, sin embargo, era realmente violenta y espantosa. Aunque también es cierto que, incluso entonces, algunos reyes intentaron mantener el orden y la paz. El más grande de éstos fue Carlomagno.

–¿Carlomagno? –preguntó Sergio.

–Carlomagno se llamaba en realidad Carlos y fue el soberano del reino bárbaro de los francos, al que a mediados del siglo VIII pertenecía la mitad de la actual Alemania y la parte oriental de Francia. Carlos tenía veintiséis años en el momento de subir al trono, en el 768, y sus hazañas militares iban a ganarle muy pronto el título de «Magno», que ya sabes que quiere decir 'grande'.

–Como Alejandro el conquistador –dijo Sergio.

Ibn Jaldún asintió. Dijo:

–Tan corpulento y **piadoso** como buen guerrero, en torno al año 800 Carlomagno había conquistado ya gran parte de la Europa Central y Occidental. Las fronteras de su reino se extendían desde el río Elba a los Pirineos, desde la llanura italiana del Po al mar del Norte. La inmensidad de esos dominios y la necesidad de permanecer en contacto con las provincias más apartadas, obligaban a Carlomagno a una vida **errante** e incómoda.

A Sergio le sorprendió que un rey tan poderoso no viviera rodeado de lujo y comodidades.

–Viajaba como un peregrino pobre, en un simple carro tirado por bueyes, con el menor equipaje posible, y administraba la justicia personalmente. Allí donde se encontraba le gustaba pensar que estaba construyendo un imperio propio, unido por una religión común: el catolicismo. Los sabios de la Edad Media lo llamarían después Sacro Imperio Romano. También, más que como rey de los alemanes y señor del reino de los francos, le gustaba verse a sí mismo como el gran protector de todos los cristianos. Y así lo creía también el papa de Roma, León III, a quien protegió en varias ocasiones y que en el año 800 le coronó nuevo emperador romano impuesto por Dios para salvaguardar la paz del imperio de Occidente.

De pronto Sergio vio alzarse Roma. Luego apareció Carlomagno, **escoltado** por sus nobles y aclamado por una gran multitud mientras recorría las calles de la ciudad en dirección a la basílica de San Pedro. Sus cabellos se habían hecho grises y los hombros se le habían encorvado un poco. Tenía la frente surcada de profundas arrugas, pero parecía estar en la plenitud del vigor. El cortejo entró en el templo entre dos filas de **prelados** y atravesó la nave central iluminada por mil trescientas setenta velas y adornada con imágenes de santos.

Carlomagno se destacó del **séquito,** fue a arrodillarse a los pies del altar mayor y se recogió en oración, momento que eligió el papa León para ponerle sobre la cabeza una corona de oro. Por tres veces, la aclamación en latín «A Carlos Augusto, coronado por Dios, poderoso y pacífico emperador, vida y victoria», resonó en el templo.

–El sueño de Carlomagno era hacer revivir la paz, el orden y la grandeza del antiguo imperio romano, pero aquel plan chocaba con la cruda realidad de los tiempos. El mismo Carlomagno no sabía leer y era muy consciente de que en sus dominios reinaba la ignorancia y la pobreza. Los nobles francos sólo se dedicaban a la guerra. La vida era breve y muy dura, y no había demasiado tiempo para aprender a leer y a escribir. Carlomagno quiso poner remedio a todos estos males. Trató de embellecer Aquisgrán, construyendo iglesias y convirtiendo la ciudad en una capital digna del gran imperio de Occidente. También atrajo a la corte a hombres sabios de Italia, de Inglaterra y hasta de España, y creó escuelas donde al menos unos pocos pudieran aprender a leer y a escribir y, con el tiempo, transmitir su saber a otros.

Ibn Jaldún hizo un silencio. Como Sergio parecía intrigado por el final de aquel relato, exhaló un suspiró, y añadió:

–La fuerza de voluntad de Carlomagno y la inteligencia de algunos de sus consejeros fueron como una pequeña vela en medio de Europa. Si a la muerte de Carlomagno, en el año 814, hubiera subido al trono un rey parecido, tal vez el brillo de esa pequeña vela hubiese triunfado sobre la oscura noche de aquellos tiempos. Pero no fue así. A la muerte de Carlomagno siguió una terrible sucesión de guerras civiles, empeoradas por una nueva y temible tormenta de invasiones bárbaras. Todo ello echó abajo el imperio construido por el gran señor de los francos. Para colmo de males, las escuelas creadas en Aquisgrán decayeron, y el arte de leer y escribir siguió siendo conocido tan sólo en algunos monasterios dispersos.

El poder de la Iglesia

–Pero no debes pensar que Europa estuvo inmóvil durante toda la Edad Media. Después del año 1000 la vida empezó a mejorar notablemente. Los grandes señores de los castillos se preocuparon por mantener el orden en sus territorios, y mientras las ciudades crecían y los reyes se hacían más y más fuertes, la Iglesia católica acumuló inmensas riquezas, se entregó al saber y la cultura y se hizo casi tan poderosa como lo había sido el imperio.

Así comenzó Ibn Jaldún su quinto cuento.

–El Papa de Roma exigía que incluso los reyes le obedecieran –continuó Ibn Jaldún ante el atento silencio de Sergio–. Sólo si recorrían el camino de los justos, tal y como la Iglesia definía ese camino, podían obtener la felicidad, las buenas cosechas y la victoria sobre sus enemigos. Eso repetía un papa tras otro a los reyes, que solían mostrarse respetuosos y humildes con la Iglesia.

Sergio recordó a Carlomagno y cómo León III le había coronado emperador y heredero del césar Octavio Augusto en la basílica de San Pedro.

–Hubo un papa especialmente altanero que sorprendió a Europa entera en el año 1075. Se llamaba Gregorio VII, era ambicioso y **tenaz,** y se consideraba el soberano de todos los cristianos de la tierra. Proclamó que la Iglesia romana no se había equivocado nunca y no se equivocaría jamás, que el Papa de Roma no puede ser juzgado por nadie y que las sentencias dictadas por él no pueden ser anuladas. También dijo algo más que inquietó mucho a los reyes y príncipes: el Papa podía liberar a los súbditos de su promesa de fidelidad a los hombres malvados, el Papa era el único cuyos pies debían besar todos los príncipes, el Papa era el único con facultad para **deponer** a los emperadores y sólo él estaba autorizado a usar la insignia imperial.

Sergio estaba intrigado. ¿Cómo iba el Papa a mandar al emperador, que tenía muchos más soldados a sus órdenes? Más intrigado quedó aún después de que Ibn Jaldún le contara la lucha entre Gregorio VII y Enrique IV, un joven rey alemán que se consideraba sucesor de los antiguos emperadores romanos y de Carlomagno.

–Gregorio VII –dijo Ibn Jaldún– tuvo enfrente a otro personaje interesante: Enrique IV, que subió al trono siendo casi un niño. Enrique IV era muy orgulloso y enfadó muchísimo a Gregorio VII cuando se atrevió a nombrar obispos en Alemania sin consultarle y también por permitir que el clero, incluidos los obispos, pudiera casarse. Como castigo, el Papa expulsó de la Iglesia al rey, prohibiendo a cualquier sacerdote celebrar misa para él.

A Sergio le pareció muy raro aquel castigo.

–Las cosas –continuó Ibn Jaldún– se pusieron entonces muy difíciles para Enrique, porque cuando se corrió la noticia por Alemania los nobles y príncipes declararon que no querían saber nada con un rey expulsado de la Iglesia y que elegirían a otro para el cargo. Enrique, por tanto, se vio forzado a conseguir el perdón del Papa. Si no lo obtenía, se había acabado su reinado. Así pues, viajó solo y sin ejército a Italia para hablar con

Gregorio VII. Hacia finales de enero de 1077, en mitad de un crudo invierno, llegó a Canossa, una fortaleza al sur de Parma donde estaba alojado el Papa. Gregorio VII se sorprendió y alegró al ver venir solo al rey alemán y, según la leyenda, hizo esperar al joven Enrique durante tres días en el patio del castillo antes de recibirle y concederle el perdón.

Sergio vio ahora al joven rey Enrique, un hombre alto y lleno de energía, de ojos azules y pelo rubio. Tenía ropas de mendigo y estaba descalzo en medio del frío y de la nieve. No decía ni hacía nada: sólo rezar y esperar.

–El poder y la riqueza de la Iglesia de aquel tiempo pueden verse aún en las catedrales –dijo Ibn Jaldún después de un rato mientras Sergio veía regresar al joven Enrique a sus tierras alemanas y celebrar un gran banquete en su castillo–. Si los príncipes y los nobles de Francia, Alemania, Inglaterra, Italia o España fueron construyéndose poco a poco castillos imponentes, palacios en los que eran auténticos señores, los obispos y altos funcionarios de la Iglesia contribuyeron a que el arte y la arquitectura cobraran una grandeza y un esplendor extraordinarios en Europa.

–¿Qué hicieron?

–Catedrales –respondió Ibn Jaldún–. Las primeras fueron levantadas según el estilo románico, inspirado en las basílicas del imperio bizantino. La catedral de Pisa, en Italia, una maravilla, es un buen ejemplo, o las sencillas y bellas pinturas de la cámara real de San Isidoro de León. Luego, a partir del siglo XII, los arquitectos de la Iglesia aprovecharon las matemáticas de los árabes para crear las altas y sorprendentes catedrales góticas.

Sergio observó durante un buen rato la belleza de la catedral de León. Aquella montaña de piedra, con hermosas y coloridas vidrieras, empujaba la vista del niño hacia el cielo.

–No pienses sólo en los predicadores que explicaban la Biblia al pueblo o en las gentes que acudían aquí para escucharles y llorar por sus pecados –dijo Ibn Jaldún de pronto–. Fíjate también un momento en las torres y las columnas y las amplias **bóvedas,** y piensa en las personas que ayudaron a levantarlas. Ningún edificio refleja mejor la capacidad de la Iglesia para animar a los habitantes de una ciudad en una empresa común.

Sergio parecía hechizado.

–Los campesinos, comerciantes y artesanos hacían entrega de sus bienes, sus fuerzas y su tiempo cuando se trataba de construir una catedral. Todos se entregaban entusiasmados a la tarea: se buscaba al mejor y más famoso de los maestros constructores para que trazara los planos, los canteros tallaban las piedras, los escultores hacían las estatuas, los pintores se encargaban de los cuadros para el **retablo** y los vidrieros ponían todo su ingenio en elaborar los hermosos y coloridos ventanales que resplandecían en el interior. La edificación duraba años, vidas enteras, y el espectáculo era bello como una fiesta.

–Es una iglesia muy bonita –dijo Sergio, que empezaba a comprender el grandísimo esfuerzo que había costado edificar la catedral.

Sí. Aquella construcción era algo más que una simple iglesia. Había brotado del sudor de muchas vidas; del canto de la **polea;** del cansancio de los brazos. Parecía buena para el corazón de las

gentes sencillas: era como un regalo. Igual que los regalos que Sergio y su hermanita Blanca encontraban después de la Noche de Reyes.

Ibn Jaldún dijo:

–Pero las catedrales no fueron usadas sólo para decir misa. También se utilizaron como escuelas. Los alumnos aprendían principalmente a leer y a escribir en latín, a cantar y a componer versos. También podían estudiar leyes, medicina e historia natural. Gracias a estas escuelas, las palabras volvieron a viajar por las oscuras tierras de Europa y la cultura recuperó el respeto que había perdido tras la caída del imperio romano. Muy pronto, en el siglo XII, aparecerían las primeras universidades, centros de saber donde maestros y estudiantes discutirían de lo divino y de lo humano. Fue en esos momentos cuando la noche cerrada de la Edad Media se convirtió en una noche repleta de estrellas. Tal y como un día lo había soñado Carlomagno.

Las cruzadas

El sexto día Ibn Jaldún le contó a Sergio la historia de las cruzadas, una historia repleta de contradicciones, rebosante de nobles ideales, pero también de ambición, crueldad y rapiña.

–La Iglesia que te describía ayer –dijo Ibn Jaldún– impulsó las cruzadas.

–¿Las cruzadas? –repitió Sergio queriendo que el sabio Ibn Jaldún se explicara.

–Recordarás que Palestina entera se hallaba en manos de los árabes musulmanes, y con Palestina, Jerusalén, donde se encuentra el Sepulcro de Cristo. Toda esa tierra es Tierra Santa para los cristianos además de para los judíos. También recordarás que, con el paso del tiempo, los turcos amenazaron con sus espadas las posesiones del imperio cristiano de Bizancio –dijo Ibn Jaldún.

–Sí –repuso Sergio. Recordaba las asombrosas conquistas de los árabes: España, Sicilia, Cerdeña, el norte de África, Mesopotamia, Persia, Siria... También recordaba la fabulosa ciudad de Constantinopla y a los emperadores cristianos que desde allí, en un lujoso palacio, gobernaban gran parte del Mediterráneo oriental. ¿Y los turcos? Ibn Jaldún le había adelantado algún dato sobre ellos: que eran musulmanes procedentes del Asia Central y que amenazaban Bizancio con su gran empuje guerrero.

–Bueno –añadió Ibn Jaldún después de un pequeño silencio–, las cruzadas fueron una respuesta retardada a las conquistas de los ejércitos del islam, y su propósito era liberar los Santos Lugares de la cristiandad y volver a abrirlos, sin ningún obstáculo, a los peregrinos. Pero en las cruzadas no faltaron tampoco aprovechados, y entre los cruzados y los que les acompañaban había muchos cuyos fines no eran nada nobles. Además de los que buscaban la recuperación del Sepulcro de Cristo, había reyes a la caza de gloria, mercaderes interesados en asegurar el comercio con Bizancio y el Oriente, nobles guerreros y ambiciosos, y pecadores para hacer penitencia. Todos ellos fueron los protagonistas de esta violenta historia.

–¿Qué es eso de la penitencia? –preguntó Sergio.

–La penitencia –dijo Ibn Jaldún– es una obligación que un cristiano se impone a sí mismo para demostrar su arrepentimiento y obtener el perdón de los pecados que ha cometido.

Ibn Jaldún resopló con los ojos cerrados, recordando con pesar los hechos que se disponía a contar. Luego, dijo tranquilamente:

–Los papas carecían de un ejército capaz de vencer a los musulmanes, pero eran muy ricos y poderosos y tenían otro tipo de arma que podían usar: el **fervor** religioso de los caballeros cristianos y de los grandes reyes de Occidente. El año 1095 el papa Urbano II viajó a una reunión de la Iglesia en Francia y allí, en la ciudad de Clermont, pidió a los caballeros cristianos de Europa entera que hicieran una guerra santa contra los musulmanes que ocupaban los Santos Lugares.

Ibn Jaldún hizo una pausa. Después, recordó para Sergio las palabras exactas que el Papa pronunció en aquella ocasión:

–«Habéis oído, mis queridos hermanos, lo que no podemos recordaros sin derramar lágrimas, a qué espantosos suplicios son arrojados en Jerusalén, en Antioquia y en todo el Oriente, nuestros hermanos los cristianos...». Eso dijo el papa Urbano II. También gritó: «¡Oh, cuántos males os serán imputados por el Señor si no ayudáis a aquellos que, como vosotros, profesan la fe cristiana!...». Y exclamó con voz potente: «¡Ahora, que los que hasta fechas recientes vivían como **buhoneros,** sean soldados de Cristo; ahora, que los que una vez lucharon contra sus hermanos y parientes, luchen con razón contra los bárbaros infie-

les; ahora, que los que se alquilaban por unas pocas piezas de plata, ganen su recompensa eterna!».

Sergio vio al Papa decir estas palabras, y a miles de caballeros rugir como respuesta: «¡Dios lo quiere! ¡Dios lo quiere!».

–El éxito de la primera Cruzada fue total y hasta sorprendente –continuó Ibn Jaldún–. El año 1096, guiados por un príncipe francés, Godofredo de Bouillon, y por un grupo de nobles francos, los soldados cruzados avanzaron hacia Constantinopla siguiendo el curso del Danubio, y de allí pasaron a Palestina. Tras muchas penas y años de lucha, después de padecer el tormento del hambre y de la sed y de haber conquistado varios reinos pequeños en el Próximo Oriente, en 1099 llegaron a las puertas de Jerusalén, la asaltaron y la conquistaron. Hecho esto –suspiró Ibn Jaldún–, se comportaron como canallas. Lo cuenta uno de aquellos soldados que entró en Jerusalén a las órdenes de Godofredo. Fíjate lo que este caballero escribe al

Papa de Roma: «Y si deseáis saber qué se hizo con el enemigo que encontramos allí, sabed que en el Pórtico de Salomón y en su Templo, nuestros hombres cabalgaron con la sangre de los **sarracenos** hasta las rodillas de sus caballos».

Los ojos de Sergio brillaron de horror. La carnicería era espantosa. Los cruzados pasaban a cuchillo a todos los musulmanes que hallaban a su paso. La sangre les llegaba por los tobillos. Luego, felices y llorando de alegría, marcharon al Sepulcro de Cristo descalzos y entonando **salmos.**

–Los cruzados fundaron en la costa del Próximo Oriente un puñado de pequeños reinos. Y en Jerusalén crearon un reino cristiano. Pero este reino, pequeño y débil, situado lejos de Europa y rodeado de ejércitos musulmanes, estaba constantemente asediado. Uno de sus reyes fue Balduino IV el Leproso. De la misma manera que la espantosa enfermedad corroía el cuerpo de este rey, que cubría su rostro con una máscara, el peligro amenazaba las conquistas cristianas en Tierra Santa. Por esa razón nuevos papas animarán a Francia, Alemania e Inglaterra a realizar nuevas cruzadas.

–¿Más? –preguntó Sergio.

–Hasta ocho –dijo Ibn Jaldún–. La segunda, en el año 1148 –siguió contando el sabio después de un breve silencio–, y la tercera, en el 1189, acabaron en humillantes fracasos y provocaron que se perdieran muchas de las fortalezas y ciudades que los cristianos habían conquistado en Tierra Santa. También el reino de Jerusalén, pues fue conquistado por el inteligente y poderoso Saladino, **artífice** de un imperio musulmán que abarcaba Siria y Egipto. Con Jerusalén, se perdieron igualmente las vidas y fortunas de decenas de miles de caballeros, muchos de ellos representantes de la alta nobleza.

Hubo un silencio. Después Ibn Jaldún dijo:

–La cuarta cruzada tuvo un resultado sorprendente. Los comerciantes venecianos, que se enriquecían transportando a los cruzados en sus barcos, se las arreglaron para dar un giro a la nueva aventura. El verano de 1202 cuatro mil quinientos caballeros con sus caballos, nueve mil escuderos y veinte mil soldados de infantería se encontraban en Venecia a la espera de ser embarcados para la guerra santa, pero el dinero para pagar a los mercaderes que debían trasladarlos no llegaba. El astuto y viejo jefe de Venecia, Enrico Dandolo, que tenía más de noventa años y estaba ciego, propuso entonces a los cruzados que, antes de ir a Egipto a combatir a los herederos de Saladino, atacaran Zara, un puerto veneciano que se había sublevado contra sus señores. Dicho y hecho.

Sergio vio la conquista de Zara.

–Luego, el gran Dandolo puso sus ojos sobre la rica y bella Constantinopla. ¿Por qué no adueñarse de ella también? Dicho y hecho igualmente. Los cruzados indignaron a toda Europa con la conquista de la ciudad de los emperadores bizantinos. Eso ocurrió el año 1204. Los cruzados se erigieron en señores del imperio cristiano de Oriente y lo gobernaron hasta que, sesenta años más tarde, los griegos bizantinos recuperaron una Constantinopla medio en ruinas. Ni la ciudad ni el brillo de Bizancio se restablecerían de aquel golpe.

Los cristianos de aquella época, pensó Sergio, eran muy extraños y violentos, y parecían muy vanidosos. Sergio se acordó de lo que Jesús y los primeros cristianos habían predicado en aquella misma tierra que ahora los cruzados llenaban de sangre y sudor.

Pero Ibn Jaldún habló de nuevo, interrumpiendo el pensamiento del niño:

–Escucha ahora esta historia: es el relato más triste que nunca he oído. Empieza en el año 1212, cuando un pastorcillo de doce años llamado Esteban afirmó ante el rey de Francia que Jesús le había entregado una carta en la que le ordenaba dirigir una nueva cruzada. El rey lo despidió sin más. Pero el pastorcillo siguió repitiendo que Cristo estaba apenado porque su sepulcro se hallaba rodeado de infieles, porque no había cruzadas, porque los caballeros habían dejado sus armas y los reyes ya no sabían mandar. Chillaba que él marcharía a Jerusalén a conquistar Tierra Santa, y que el mar se separaría, abriendo un camino seco hasta Palestina para dejarle paso.

De pronto, Sergio vio a un niño predicando en medio de una plaza.

–Esteban –dijo Ibn Jaldún– reunió a su alrededor una multitud de niños decididos a seguirle allí donde él fuera: un total de treinta mil. No tenían qué comer. No tenían armas. No sabían leer e ignoraban los peligros que les acechaban. Los buenos padres se esforzaban por retenerlos. Pero ellos rompían los cerrojos durante la noche y saltaban las murallas. Solos, como pequeños vagabundos, llenos de una fe inocente y ciega, llegaron hasta la ciudad costera de Marsella.Y entonces, vieron el mar.

–Allí –siguió Ibn Jaldún–, Esteban ordenó a las aguas que se abrieran. Pero el suave oleaje continuó su ir y venir. No hubo milagro. La mano de Dios no apareció para separar las aguas del Mediterráneo. Quienes sí se presentaron fueron dos malvados mercaderes que habían visto la oportunidad de hacer un gran negocio. Dijeron a los niños que los transportarían gratis a Tierra Santa, pero en lugar de lo prometido les desembarcaron en el norte de África, donde los vendieron como esclavos.

Otra vez Sergio sintió una profunda tristeza. Sin embargo, se le ocurrió una pregunta:

–¿Entonces jamás regresaron a sus casas?

–Nunca –respondió Ibn Jaldún con la voz ronca. También al sabio le dolía en el corazón aquella historia–. Ninguno de los treinta mil niños que salió de Marsella con el pastorcillo Esteban llegó tampoco a Tierra Santa.

Los dos callaron. Luego, Ibn Jaldún concluyó:

–Las cruzadas no consiguieron nada concreto. Vidas perdidas y esperanzas rotas, eso fue todo. Hubo cuatro más en el siglo XIII. La octava y última fue casi más trágica que la cruzada de los niños. Liderada en 1270 por el delgado e inflexible rey Luis IX de Francia, que ya había combatido en Tierra Santa veinte años atrás, despertó enormes esperanzas, pero el gran ejército que desembarcó en Túnez fue reducido por la peste y la **disentería.** Luis, débil, abatido, sosteniéndose apenas sobre su caballo, fue de los primeros en morir, y muchos caballeros le siguieron antes de que su cuerpo fuera llevado de vuelta a Francia.

Los viajes de Marco Polo

–Las cruzadas son resultado de una Europa codiciosa, atrevida y segura de que Dios estaba de su parte. También son el fruto de los cambios producidos en las mismas tierras que habían pisoteado los bárbaros.

Eso dijo Ibn Jaldún, como si con esas palabras abriera una puerta a su siguiente historia.

–El sentido de la aventura y de la inventiva renacía ahora en Europa, tras más de cinco siglos de pereza y atraso –continuó el sabio–. Como ya sabes, en el siglo XII se levantaron las primeras catedrales góticas y surgieron las primeras universidades.

Sergio se acordó de la hermosa catedral de León, pero no interrumpió a Ibn Jaldún, que seguía contando su historia.

–Por las mismas fechas aparecieron los primeros molinos de viento, y menos de siglo y medio después, en el año 1335, los italianos de Milán instalaban en una iglesia el primer reloj mecánico del mundo. Los europeos fueron los primeros en oír el sonido de un reloj y en ver sus manecillas moviéndose alrededor de la esfera. El reloj tenía que estar en una torre alta para que la gente pudiera ver la hora desde la plaza. El sonido de sus campanas podía escucharse, cada hora, en las ciudades. ¡Ah, la ciudad! Todavía, en aquellos tiempos, era, generalmente, diminuta, muy, muy sucia, llena de rincones y callejas estrechas, con casas pequeñas y apretujadas, pero se decía: «El aire de la ciudad hace a la gente libre».

–¿Por qué? –preguntó Sergio.

–Porque los habitantes de la ciudad sólo eran súbditos del rey: poseían sus propias normas y no tenían que obedecer el capricho de ningún señor instalado en su castillo.

El sabio Ibn Jaldún hizo una pausa. Luego siguió con su relato:

–De las occidentales, la ciudad más vistosa y poderosa era Venecia, que en el siglo XIII se había convertido en una de las más populosas de la cristiandad, después de París y Constantinopla.

Venecia, construida sobre las aguas, vigilada por el león alado que preside la plaza de San Marcos, era como una fantasía, como un lugar de cuento, con sus canales y sus palacios, sus góndolas y sus iglesias. La ciudad parecía oculta en el laberinto de agua de su laguna. Sergio estaba como hipnotizado. Todo aquello era tan fabuloso que no sabía hacia dónde mirar.

–Venecia, gobernada con mano de hierro por un senado en el que sólo tenían cabida las familias más ricas, fue la leona solitaria de la cristiandad, siempre envidiada, siempre sospechosa, siempre temida. A diferencia de Roma, o la cercana Verona, no poseía en un principio nada de su propiedad. Su riqueza dependió siempre de su gran flota de barcos, de sus grandes hombres de mar y, por supuesto, de los negocios de sus avispados mercaderes.

–¿Y hacían muchos negocios esos mercaderes? –preguntó Sergio.

–¡Vaya si hacían negocios! –respondió Ibn Jaldún–. Los venecianos fueron los más expertos en amasar fortunas; se dedicaron abiertamente a enriquecerse; comerciaban tanto con cristianos como con musulmanes, enfrentándose sin miedo a las espantosas amenazas y penas papales; y llegaron incluso a tratar las cruzadas como un negocio más y a prestar al rey Balduino de Jerusalén dinero cuando quiso empeñar su corona. Todo el oro de la cristiandad –subrayó Ibn Jaldún– pasaba por las manos de los venecianos. Aquí –señaló el sabio la plaza de San Marcos, como queriendo abarcar la ciudad entera– abundaban las esmeraldas, los mármoles, los brocados, los terciopelos,

el marfil, las especias, los esclavos, los rubíes y todas las fastuosas mercancías de Arabia y Oriente. Fíjate –añadió el sabio poniendo en las manos de Sergio un viejo **pergamino–,** ésta es una lista de productos con los que comerciaban los primeros mercaderes venecianos.

Sergio leyó en silencio: vino y cereales de Apulia, perfumes y bálsamos de Asia, piezas de metal, seda y prendas bordadas en oro de Bizancio y Grecia.

–Los barcos y mercaderes venecianos –continuó Ibn Jaldún con admiración– se adueñaron primero del Adriático, luego del Mediterráneo oriental y, finalmente, de las rutas comerciales de Persia, India y la misteriosa China. Venecia tenía almacenes y posadas propias en las mayores ciudades del Oriente. Y si los europeos cultos tomaron conciencia de Asia fue gracias a los venecianos, que en busca de nuevas y lucrativas vías para sus negocios recorrieron gran parte de aquel inmenso y **enigmático** continente. Marco Polo, por ejemplo, era veneciano.

–¿Quién era Marco Polo? –preguntó Sergio picado por la curiosidad.

–Marco Polo era un mercader veneciano, pero en aquellos tiempos un mercader podía ser **Simbad el marino.** Por el camino de la seda, por el largo y duro camino que recorrieron las caravanas de la Antigüedad, Marco Polo llegó a China, a Catay, y mereció la protección del gran Khan, que le encargó importantes misiones y lo nombró gobernador de Sung. ¡Aplaudamos a Marco Polo, que realizó la más bella aventura de toda la Edad Media! Ir desde Venecia a China, en el siglo XIII, era, ciertamente, una proeza: había que cruzar el Mediterráneo oriental en barco y una vez en el puerto de Haifa, cerca de Jerusalén, atravesar montañas y mesetas, llanuras pedregosas y desiertos salados, cordilleras e inmensas tierras de pasto. Volver con vida de aquel viaje era ¡casi un milagro!

Llegado a este punto del cuento, Ibn Jaldún se interrumpió, para explicar a Sergio quién era el gran Khan:

–Debes saber que si Marco Polo alcanzó China con vida fue, en parte, gracias a que el gran Khan de los mongoles había llevado la paz y el orden a la ruta de la seda. Con el gran Khan, la seguridad de aquel viejo y peligroso camino pasó a ser muy celebrada. Se decía que los viajeros podían incluso viajar de noche, siempre y cuando brillara la luna en el cielo, claro. Pero te preguntarás quiénes eran los mongoles y quién ese poderoso gobernante al que he llamado el gran Khan –dijo Ibn Jaldún.

Sergio asintió con la cabeza. Sus ojos brillaban de curiosidad.

–¿Recuerdas la furia implacable de las tribus **nómadas** que recorrían el Asia Central? ¿Recuerdas que el primer emperador chino había construido la gran muralla para protegerse de sus ataques?

Sergio dijo «Sí» con un movimiento de cabeza.

–Bien, pues al inicio del siglo XIII, la temida tierra esteparia del Asia Central desató su última tormenta de invasiones con los mongoles, que habían jurado lealtad a su joven jefe, llamado Temuyin. Más conocido como Gengis Khan, Temuyin conquistó el norte de China al frente de un ejército de cerca de treinta mil jinetes, y luego toda Asia al oeste del Cáucaso: el Turquestán ruso, Afganistán, parte de Persia y el mismo Cáucaso. La gran muralla china fue un obstáculo entre los muchos que vencieron los mongoles, que capturaron Pekín en 1215.

–¡Vencieron a los chinos!

–Ni los chinos pudieron detener a los mongoles –dijo Ibn Jaldún–. Protegidos por cotas de malla de hierro y con sus bigotes colgantes, los guerreros mongoles se movían rápidamente: podían avanzar más de ciento diez kilómetros diarios, soportando las más duras pruebas, y podían disparar flechas de puntas de acero con una prodigiosa precisión a doscientos metros de distancia y a pleno galope. Durante la batalla, los mongoles eran tan despiadados como los antiguos asirios. Llegaron a ser tan temidos que lo normal era que el enemigo se rindiera o diese media vuelta y saliera corriendo.

Lo que ahora vio Sergio trajo a su memoria las carnicerías de los asirios. Los mongoles arrasaban las tierras que rodeaban una ciudad enemiga hasta que sus caminos y campos quedaban llenos de cadáveres desparramados.

–La muerte de Gengis Khan en 1227 no frenó el empuje de los mongoles, pues su hijo, el gran Khan Ogedei, llevó sus huestes hasta las mismas puertas de Europa y derrotó a los ejércitos polaco y húngaro muy cerca de Viena, en 1241. Sólo la muerte de Ogedei salvó a Europa de los fieros mongoles. Pero la pausa tras el fallecimiento imprevisto del segundo gran Khan fue breve. A mediados del siglo XIII los mongoles planearon y ejecutaron un nuevo movimiento hacia el Oeste. En esta ocasión asolaron Irán y se adueñaron de un conjunto de ciudades musulmanas que se habían sentido seguras tras sus altos muros. Incluso Bagdad, en Irak, cayó ante ellos.

Los ojos de Ibn Jaldún rebosaban ahora de melancolía. Bagdad, la hermosa Bagdad del califa Al-Mamun, se vio condenada ahora a siglos de pobreza y desolación.

–A Kublai Khan, el amigo de Marco Polo, correspondió después culminar la conquista de China, llegando hasta Tonkín y el Tibet. A finales del siglo XIII, el imperio mongol se extendía desde las orillas del Danubio hasta las aldeas de Hong Kong. Los cronistas chinos, que no soportaban que aquellos bárbaros hubieran conquistado una civilización tan refinada y avanzada como la suya, retrataron a los mongoles como bestias salvajes que se lavaban con orina, cuando lo hacían, y sólo sabían robar y matar. Pero exageraban.

–¿Mentían?

–Bueno, un poco –respondió Ibn Jaldún–. Lo cierto es que los mongoles gobernaron bien China durante unos cien años. También fueron lo bastante sabios para utilizar a los eruditos y funcionarios chinos en el gobierno de su enorme territorio. El mismo Marco Polo, que llegó a China en 1271 y después de su regreso a Venecia fue apresado durante una guerra contra los genoveses, nos lo cuenta en un libro que dictó a un compañero de prisión: *Los viajes de Marco Polo* o el *Libro de las maravillas*

del mundo. China, decía Marco Polo, tenía mensajeros que llevaban las órdenes del Khan a todas partes, dinero impreso en papel, grandes cantidades de seda y tela de oro, además de espléndidos artistas. El gran Khan, contaba Marco Polo, gobernaba su imperio desde Pekín, pero su residencia favorita era Xanadú, al norte de la muralla china.

De repente Ibn Jaldún cerró los ojos y recitó de memoria párrafos de aquel libro, y todo cuanto decía cobraba forma delante de Sergio. Como si las palabras del sabio fueran los ojos del niño.

–En este lugar, Xanadú, hay un palacio de mármol muy hermoso, con todas sus habitaciones cubiertas de oro y pintadas con figuras de hombres, animales y aves, y una gran variedad de árboles y flores, todo ello ejecutado con un arte tan exquisito que se contempla con asombro...

El palacio, como apreció Sergio, estaba rodeado por una muralla de veintiséis kilómetros de extensión y en su interior había fuentes y ríos y arroyos y magníficas praderas con toda clase de animales.

–Los Khan de Mongolia fueron los dueños del mayor imperio que hasta el siglo XIII se hubiera visto sobre la tierra –dijo Ibn Jaldún rompiendo el encanto de aquella visión–. La decadencia, sin embargo, es lo que aguarda a todas las dinastías y a todas las ciudades, y el imperio mongol, demasiado extenso para durar, se hizo trizas en el siglo XIV, sacudido por las rebeliones, la guerra civil, la hambruna y las epidemias. El último y quizá el más terrible de los grandes jefes mongoles fue Tamerlán, el castigador de Oriente. Tamerlán conducía personalmente sus campañas militares y murió en 1405, a punto de cumplir los setenta años de edad. Murió cuando, al frente de un ejército de un cuarto de millón de soldados, quiso reconquistar China, cuyo control habían perdido los mongoles en 1368.

Ibn Jaldún hizo una pausa. Luego concluyó su relato con estas palabras:

–Con la muerte del fiero Tamerlán y el fin del imperio mongol, los viajes por Asia y el camino a China volvieron a llenarse de peligros. Fue como si cayera un telón entre Occidente y el extremo Oriente. Para el europeo, aquellas lejanas tierras se llenaron otra vez de misterio. Kublai Khan y Xanadú sobrevivieron entonces sólo como una leyenda en la que creían unos cuantos venecianos.

La peste negra

–Del 1000 al 1250 la población de Europa aumentó con gran rapidez, algo que podía ver el viajero en el crecimiento de ciudades como Venecia, pero también París, en Francia, o Brujas, en Bélgica. Los campesinos iban disponiendo también de más tierras de labranza, y además las utilizaban mejor para que no faltara con qué alimentarse.

Así comenzó Ibn Jaldún la última de sus historias.

–¡Ah, pero la vida seguía siendo muy, muy dura! –continuó el sabio Ibn Jaldún–. Tanto, que los poetas repetían en sus canciones que este mundo sólo es el camino para el otro, es decir, para el cielo, **morada** sin tristeza ni pesar. Además, todo aquel crecimiento se vio amenazado de pronto, a partir de comienzos del siglo XIV, por las continuas guerras entre Francia e Inglaterra, por las malas cosechas y el hambre, mucha hambre, y sobre todo, por un asesino más terrible que la hambruna y la guerra: la peste negra.

–¡La peste negra! –exclamó Sergio, sin saber en realidad por qué aquellas dos palabras le habían producido un escalofrío.

–La peste negra –explicó Ibn Jaldún– era, originalmente, una enfermedad que las ratas se transmitían unas a otras mediante las **pulgas.** Pero las personas también podían contraerla si tenían pulgas, y en las **hacinadas** ciudades de la Edad Media,

la mayoría las tenía. Lo más tremendo es que la peste negra se extendía con rapidez y, además, no se conocía ninguna cura.

–¿Ninguna? –preguntó Sergio.

–Ninguna –repitió Ibn Jaldún–. Aquellos que se contagiaban de la peste negra morían a los seis días de mostrar los primeros síntomas: dolor de cabeza, fiebre alta y la aparición en la piel de un bulto del tamaño de un huevo.

A continuación Ibn Jaldún contó cómo la terrible ola de muerte negra llegó a Europa a mediados del siglo XIV.

–A comienzos del año 1347 –dijo Ibn Jaldún–, un asentamiento de comerciantes genoveses en la región del mar Negro fue asediado por un ejército húngaro en el que había mongoles del Oriente. Los soldados mongoles llevaban consigo la peste negra, que se propagó rápidamente entre los atacantes, matando a un buen número. Al jefe de los húngaros se le ocurrió entonces que quizá podría cambiar su mala suerte si lanzaba los cadáveres infectados al otro lado de las murallas, es decir, dentro de la ciudad de los genoveses. Y así lo hizo.

–¿Entonces se contagiaron? –dijo Sergio.

–Verás –respondió Ibn Jaldún–. Asustados, los genoveses subieron a bordo de sus barcos e intentaron romper el bloqueo enemigo para huir de aquella espantosa enfermedad. Un barco lo consiguió, y navegando a través del Mediterráneo llegó a Sicilia en el verano de 1347. Traía un pasaje de refugiados aterrorizados y un gran cargamento de oro. También traía la peste, que enseguida, a través de las vías de transporte, se propagó por el norte de África y Europa entera. Aquella plaga –recordó Ibn Jaldún– arrasó pueblos, ciudades, castillos y aldeas: era tan contagiosa que cualquiera que tocara al enfermo o al muerto se infectaba inmediatamente y moría en unos pocos días. Algunas ciudades, como París, Hamburgo, Florencia o Venecia perdieron más de la mitad de sus habitantes. En una ciudad de España, un cronista escribió: «No quedó siquiera un perro meando en una pared...».

Ibn Jaldún hizo aquí una pausa. Luego dijo con amargura:

–Por lo menos, una cuarta parte de europeos murió de peste negra, que iba y venía, ahora aquí, ahora allí. La enfermedad dejó una huella imborrable de desolación en el recuerdo de los supervivientes. Tanto, que el poeta y humanista Petrarca pensaba que las personas del futuro jamás creerían lo que había sucedido.

Un mundo nuevo: siglos XVI y XVII

El tercer sabio

Tras la última historia de Ibn Jaldún, Sergio tenía un tumulto de imágenes acumuladas en la cabeza. Todo aquello le había puesto muy nervioso: la historia de los genoveses asediados por los húngaros y mongoles, el viaje de aquel barco que transportaba en sus bodegas la peste negra, y la espantosa rapidez del contagio. Oía las campanas que acompañaban la petición «¡Traed a vuestros muertos!» y casi podía oler el humo de los cadáveres ardiendo. Las personas morían como ratas por toda Europa y el norte de África, y también morían las ratas, igual que las personas. Sergio logró volver a la realidad gracias a que Ibn Jaldún dijo:

–Ya está. Misión cumplida. Hay muchas más historias de la Edad Media, pero las que la diosa Clío quería que te contase ya se han terminado. Ahora –añadió con afecto, posando las manos sobre los hombros del niño– debo irme.

Sergio asintió. Quiso hablar, pero no encontró nada que decir, y entonces Ibn Jaldún se marchó.

El tercer sabio esperaba a Sergio al día siguiente, de pie, junto a la ventana, cuando el niño regresaba del colegio. Parecía un mago, un antiguo Merlín. Tenía la frente llena de arrugas, los cabellos largos y muy blancos y una barba como un gran bosque nevado.

–Me llamo Leonardo da Vinci –dijo después de que Sergio lo hubiera devorado con la mirada–. Nací cerca de Florencia, en el año 1452, y soy uno de los más grandes genios del Renacimiento.

Sergio saludó al viejo Leonardo. «¡Buenas tardes!», dijo. Pero lo apagado de su expresión hizo pensar al sabio que el niño no se encontraba muy satisfecho con aquella presentación.

–Tal vez ignores qué significa la palabra Renacimiento –dijo entonces Leonardo da Vinci–. Pues bien, el Renacimiento es un

anhelo inagotable de saber que comienza a mediados del siglo XIV en Italia, una gran fiebre espiritual por el arte y la ciencia que aceleró el ritmo de Europa. Yo mismo soy la culminación de esa deslumbrante aventura.

Leonardo hizo aquí una pausa, que rompió enseguida:

–De todos los **dones** que me fueron concedidos, fue la pintura el que primero y con más insistencia cultivé, y la *Mona Lisa*, mi cuadro más celebrado, es el retrato más famoso del mundo. Lo hice en Florencia, en el año 1503. Hoy lo puedes ver en el museo del Louvre, en París.

La sonrisa de la *Gioconda*, la llamada Mona Lisa, le pareció a Sergio tan delicada y misteriosa como un lugar encantado. Después de ver el cuadro, el niño quiso saber más sobre aquel sabio.

–Pero la pintura no fue mi única pasión –dijo el viejo Leonardo–. Para los sabios de mi tiempo nada era demasiado, y hubieran mirado como a un **mediocre** al artista que no supiera manejar con igual maestría el pincel del pintor, el cincel del escultor, el compás del arquitecto y las herramientas del fundidor de cañones. Por esa razón, yo fui a la vez pintor, escultor, arquitecto, filósofo, poeta, músico, botánico, matemático, ingeniero y constructor de máquinas de guerra.

Leonardo sonrió pasándose la mano por la barba. Recordó:

–Durante más de quince años respondí a todas las exigencias de Ludovico el Moro, señor de Milán; antes había estado en casa de los Medici, la familia más rica y poderosa de Florencia; y más tarde también estuve al servicio del gran César Borgia, que siempre vivió entre la **algarabía** de los campamentos, el **estruendo** de las batallas y las músicas y risas de las fiestas romanas. El afán de aprender cada vez más, de realizar cada vez más cosas y de investigar la naturaleza, hizo que mi estudio pareciera el laboratorio de un mago, lleno de dibujos y pinturas, pájaros y plantas, inventos y planos, libros antiguos y ríos y ríos de páginas donde anotaba todos mis pensamientos con una escritura minúscula y apretada.

Sergio escuchaba en silencio, mirando con agrado a Leonardo, que ahora decía:

–Pero no pienses que me limité a soñar. No... no... A diferencia de otros sabios de mi tiempo, yo no podía separar el afán de conocer, de comprender, del deseo de crear, de construir. Ambos son inseparables. Y no sólo concebí la idea de excavar túneles a través de las montañas sino que además fui el primero en diseñar una máquina voladora.

–Una máquina voladora –repitió Sergio.

–¡Pero basta de **mirarse al ombligo!** –suspiró de pronto Leonardo–. Olvidemos planes y proyectos inacabados. Y escucha. Déjame que te hable de la imprenta y del primer telescopio, del descubrimiento de América y de los conquistadores españoles, de las protestas del fraile Lutero contra el Papa de Roma y de Solimán el Magnífico. Déjame que te hable de Florencia, la ciudad de mi primera juventud, la inquieta ciudad donde surgió una nueva forma de ver el mundo.

Florencia

–¡Oh tiempo, que lo consumes todo poco a poco con el duro colmillo de la vejez! –dijo Leonardo cerrando los ojos, rememorando los años de la infancia, de la dicha y la juventud–. La Florencia del siglo XV –continuó– era magnífica. La belleza de sus palacios, iglesias, plazas y calles, y el ingenio y el esplendor de la vida artística, la hacían única entre las ciudades de la época. Ni siquiera Venecia podía sostener la comparación.

La vista que surgió ante Sergio era impresionante: Florencia, apretada a orillas del río Arno, coronada por la enorme y asombrosa **cúpula** de la catedral. La corriente del río bajaba tan lenta como la melancolía de Leonardo, que se quedó un buen rato en silencio. Dijo:

–Esta ciudad admirable lo tuvo todo: poder, inteligencia y dinero, mucho dinero. Sus talleres producían lanas y sedas que sus comerciantes **exportaban** hasta las más remotas tierras. Sus banqueros sabían manejar las finanzas con una habilidad insuperable. Su moneda dominó el comercio europeo durante casi dos siglos. Aquí lo principal eran la inteligencia, el conocimiento y la energía sin límites. A diferencia de muchos otros lugares del mundo, en Florencia se preguntaba poco por el origen, la religión y la patria. Aquí –añadió con orgullo Leonardo– surgió el Renacimiento.

Sergio seguía observando la ciudad con una mezcla de asombro y admiración. Se preguntaba cuándo podría ver Florencia más de cerca, pues sólo **entrevista** ya lo cautivaba.

–Sí, sí... los florentinos inventaron el Renacimiento al empezar a ser distintos de como se había sido en la Edad Media y valorar otras cosas –repitió Leonardo para recuperar la atención del niño–. Fue en los días de Petrarca y Boccaccio, dos poetas y eruditos que vivieron en el siglo XIV. Ambos se conocieron en Florencia, en el año 1350. A los dos les parecía tenebrosa y aburrida la cultura de la época en que les había tocado vivir. Ambos se enamoraron de la Antigüedad, de la infinita curiosidad de los griegos y de la libertad con que los romanos habían discutido entonces sobre todas las cuestiones de la naturaleza y del mundo.

A continuación, Leonardo contó algunas anécdotas de Petrarca y Boccaccio:

–A Petrarca y Boccaccio nada les complacía más que verse a sí mismos como dos sabios antiguos vueltos a la vida para hacer resurgir el espíritu de la Roma de Virgilio y la Grecia de Sócrates. Por eso hicieron grandes esfuerzos para escribir en un latín tan bueno y claro como el de los antiguos romanos. También aprendieron griego, para descubrir por sí mismos lo que sabían los atenienses. «Amamos el conocimiento», decían. «Amamos el saber». Y por eso salieron a la caza de libros, viajando a lo largo y ancho del sur de Europa, revisando bibliotecas y pasando páginas y más páginas de viejos manuscritos. Ambos pensaban, acertadamente, que buena parte de las famosas obras de la Antigüedad se encontraban escondidas y olvidadas en los monasterios de Italia.

Eso sí que era emocionante, pensó Sergio. Aquellos dos poetas eran como cazadores de tesoros. Con una diferencia: en lugar de oro y piedras preciosas, buscaban libros.

–Aquello sólo fue el principio –dijo Leonardo–. Siguiendo el ejemplo de Petrarca y Boccaccio, muchos florentinos comenzaron a interesarse más por Atenas y Roma que por Jerusalén o Tierra Santa. Mucho más por el arte, la filosofía y la ciencia de la Antigüedad que por el estudio de la Biblia. Todo lo que perteneciera al tiempo de los romanos y los griegos entusiasmaba a los florentinos. Por supuesto, les encantaban las magníficas estatuas y los grandes edificios cuyas ruinas aparecían por toda Italia. Donatello, el gran escultor florentino del siglo XV, estuvo en Roma midiendo estatuas griegas, y su amigo, el arquitecto Brunelleschi, estudiaba los templos romanos que aún quedaban en pie.

Sergio dio un salto de asombro y de alegría cuando apareció ante sus ojos la *Venus de Medici,* una escultura muy hermosa.

–No debe extrañarte que aquí, en la avanzada y rica Florencia, vivieran los más grandes pintores y escultores del siglo XV. Tampoco debe asombrarte que por estas calles, entre esas casas e iglesias –observó Leonardo, señalando la ciudad–, caminaran algunos de los artistas más notables de la historia de la humanidad.

El viejo sabio guardó un pequeño silencio, el tiempo justo para ordenar los recuerdos y continuar su relato:

–La última palabra, en cuestión de arte, siempre la dijo Florencia. Allí donde iban, los artistas y sabios florentinos se convertían en unos embajadores del Renacimiento, pues dejaban tras de sí exquisitas obras en pintura, arquitectura y escultura. Todas ellas llenas de **armonía**. Todas ellas de asombrosa belleza. Incluso en la Roma de los grandes papas del Renacimiento, los encargos más importantes los hicieron artistas florentinos. Un ejemplo: cuando Miguel Ángel, también florentino, fue llamado a Roma para hacer la cúpula de San Pedro del Vaticano, mostró su admiración por el arquitecto Brunelleschi, creador de la cúpula de la catedral de Florencia, con estas palabras: «Yo haré a su hermana, más grande, sí, pero no más bella».

Leonardo señaló a Sergio la bellísima cúpula de la catedral de Florencia. Luego le enseñó la Plaza de la Señoría, donde se reunían los ciudadanos florentinos cuando la gran campana del Palacio Vecchio les llamaba para decidir sobre cuestiones de gobierno. Las colosales estatuas que allí había, y que evocaban la pasión de Florencia por el mundo antiguo, dejaron a Sergio con los ojos como platos. *Judith,* del artista Donatello, exhibía la cabeza de Holofernes; *Perseo,* de Cellini, sostenía en alto la cabeza chorreante de la malvada Medusa; *Hércules,* obra de Giambologna, luchaba contra un centauro; y el *David* de Miguel Ángel parecía enamorado de su antigua fuerza y belleza.

–Toda esta pasión nueva por el mundo, por las ruinas y los libros de la Antigüedad, por los objetos hermosos y el arte, se extendió pronto a todas partes, y la imprenta ayudó en ello –dijo Leonardo, dando una nueva dirección a su relato.

–¿La imprenta? –preguntó Sergio, que nunca había visto una.

–La imprenta –respondió Leonardo– fue un invento tan extraordinario como los ordenadores que hay en tu escuela: un invento que cambió la forma en que las personas almacenábamos y difundíamos el conocimiento. Antes del año 1453, fecha en que un artesano alemán llamado Gutenberg fabricó el primer libro con una imprenta, los escribanos copiaban libros a mano, muy, muy despacio, y con mucho trabajo. Para copiar una Biblia, por ejemplo, se tardaba casi quince meses.

–¡Cuánto tiempo! –exclamó Sergio.

–Pero a mediados del siglo XV, Gutenberg encontró un método mejor para hacer un libro. Primero se vertía metal fundido en unos moldes. El resultado eran muchas barras de metal, cada una de

ellas con la forma de una letra. Más tarde, un artesano escogía las letras de metal que necesitaba para formar las palabras y frases, y montaba con ellas una página. Hecho esto, colocaba esa página en una prensa especial. Luego, otro artesano frotaba tinta sobre las letras de metal, extendía un papel encima y accionaba la prensa, fijando así todas las líneas de palabras. Eso mismo se repetía con todas las páginas del libro y al final se cosían todas juntas.

–Eso sí es un oficio divertido –dijo Sergio mientras echaba un vistazo al taller de Gutenberg.

Leonardo se dispuso entonces a poner punto final a su primera historia:

–La imprenta ayudó a ampliar el conocimiento en Europa. Los libros eran ahora más baratos, muchos europeos aprendieron a leer y, además, los artesanos se apresuraron a ofrecer a los eruditos los libros de la Antigüedad que querían. Al igual que los artistas florentinos, al igual que mis propios cuadros o mis investigaciones, la imprenta fue una pregonera que anunciaba a la gente: ¡Atención! ¡La Edad Media toca a su fin! ¡Se acerca una nueva **era!**

Los grandes exploradores

–Los tiempos, el aire que se respiraba en el siglo XV, animaban a la aventura y estimulaban los viajes del conocimiento –dijo Leonardo con los ojos centelleantes.

Aquél era el comienzo de una nueva historia de la *Pequeña historia del mundo.*

–Recordarás –continuó Leonardo– que Marco Polo había ofrecido a los europeos del siglo XIII maravillosos **destellos** de un mundo más extenso. Pues bien, poco antes de que yo completara el retrato de la joven Mona Lisa, las navegaciones y los descubrimientos de los exploradores españoles y portugueses iban a cambiar para siempre el conocimiento del mundo y a modificar la visión que el hombre tenía de nuestro planeta. Nuevas tierras, nuevos mares, surgieron entonces tras una oscuridad de siglos.

Sergio se emocionó repentinamente. Siempre le habían gustado las historias de exploradores. Vivían tantos peligros y aventuras...

–Fue el reino de Portugal quien marcó el camino de las nuevas conquistas –siguió Leonardo–. Tierra pequeña y pobre, encajonada entre España y el Atlántico, la situación de Portugal era la más desfavorable entre todos los reinos navegantes de Europa. Y eso era así por una cosa: según las suposiciones de la antigua geografía y las creencias de la época, el océano Atlántico no era más que un desierto infinito de agua, imposible de navegar y habitado por monstruos que engullían barcos y hombres con la misma facilidad que un perro engulle un bocado. Los geógrafos de entonces también pensaban que era imposible dar la vuelta en barco a la costa africana, pues según la opinión general aquella tierra salvaje y arenosa llegaba hasta el Círculo Polar Antártico.

–¿Qué es un geógrafo? –preguntó Sergio.

–Un sabio que sabe dónde se encuentran los mares, los ríos, las ciudades, las montañas y los desiertos. Pero para conocer y anotar esas cosas en los libros, para saber si sus cálculos y explicaciones son acertadas o no, el geógrafo necesita al explorador.

Así respondió Leonardo a la pregunta de Sergio. Luego, regresando al punto exacto donde había dejado el relato, dijo:

–El sueño de convertir Portugal en la primera potencia marítima y de explorar el océano Atlántico fue la obsesión permanente del príncipe Enrique, a quien la historia, con razón y sin ella, llama Enrique el Navegante. Con razón, porque este príncipe portugués dedicó toda su vida a los mapas y a los navegantes. Sin razón, porque, salvo su corto viaje a Ceuta con fines guerreros, Enrique no subió a bordo de una nave.

Aquello le pareció divertido a Sergio. Llamar Navegante a un príncipe que no era marino.

–Durante su estancia en Ceuta, Enrique había tenido noticias de que más allá del arenoso Sahara se extendía una tierra de infinitos tesoros. También le habían contado que, en el lejano tiempo de los faraones, una flota fenicia había bajado por el mar Rojo y, al cabo de dos años, había regresado a través del estrecho de Gibraltar, rodeando África por mar. Intrigado, Enrique regresó a Portugal preguntándose si aquella historia de los fenicios era verdad o leyenda, si los geógrafos de Europa se equivocaban y el Atlántico era una ruta mejor que el desierto para viajar al Sur y al Este. ¿Quién sabía si el océano, lejos de ser innavegable, era el camino hacia tierras nuevas y desconocidas? ¿Y si África era habitable más allá del **trópico** y todos se equivocaban al afirmar que el inexplorado continente no se podía rodear navegando? ¿Y si se podía llegar por mar a la India? En 1419, con estos interrogantes en la cabeza, Enrique abandonó la corte del rey de Portugal y se trasladó a un castillo en el último **confín** de Europa, el cabo de San Vicente.

La fortaleza del príncipe Enrique impresionó a Sergio. Durante un rato se quedó como embobado, dominado por el mar, que era de un azul moribundo.

–Aquí –dijo Leonardo–, entre esos muros, frente a ese mar, siempre cambiante, Enrique preparó a Portugal para la conquista del océano. Según sus cronistas, acumuló todos los libros y mapas imaginables. Llamó a los sabios árabes y judíos y les mandó construir los mejores instrumentos y cartas de navegación. No había navegante o capitán de regreso de un viaje a quien no hiciera preguntas, y todas las noticias eran cuidadosamente ordenadas en un archivo. Siguiendo sus deseos, los exploradores portugueses se pusieron a recorrer los mares, navegaron al sur por la costa noroeste de África, avanzando muy despacio, aventurándose más y más lejos cada vez.

Leonardo hizo una pausa, y con la mirada perdida en un barco que desaparecía en la azul lejanía del Atlántico, dijo:

–Pero Enrique murió en 1460. Fueron sus discípulos y herederos quienes realizaron, en los años siguientes, lo que había sido la ilusión de su vida. Después de numerosas expediciones, en 1486 Bartolomé Díaz llegaba a la punta sur de África, al cabo de Buena Esperanza, demostrando que aquel misterioso continente podía ser **circunnavegado.** Y en 1498 el experto y orgulloso Vasco de Gama alcanzaba la India y desembarcaba en el puerto de Calcuta. Portugal había demostrado, por primera vez, que la ruta marítima a la India era posible. Con razón, el poeta portugués Camoes escribió sobre sus compatriotas: «Si hubiera habido más mundo, lo habrían encontrado». No obstante, quien descubrió un nuevo mundo fue un marino y aventurero genovés, y lo hizo al servicio de la Corona de Castilla.

–¡Colón! –exclamó Sergio, que ya conocía la historia del descubridor de América.

En agosto de 1492, recordaba Sergio, Colón se había hecho a la mar al frente de tres barcos. Iba en busca del Oriente. Y, por fin, en octubre del mismo año, uno de sus barcos dio la señal: «¡Tierra!». Colón se sintió feliz y orgulloso. ¿Tenía ante sus ojos Japón? Así lo creía él. ¡Japón!, aquel lugar lleno de riquezas sobre el que había escrito Marco Polo. Pero Colón estaba equivocado. Lo que tenía ante sí era una isla próxima a América.

–El viaje de Vasco de Gama unió por mar dos zonas ricas del mundo: Europa y Asia. El viaje de Colón unió dos mundos habitados que habían estado separados y se desconocían entre sí –dijo Leonardo–. Después de ambos descubrimientos, la **osadía** de los exploradores españoles y portugueses ya no encontró freno. En 1500 Cabral descubrió Brasil, y en 1509 navegantes portugueses llegaron a Malaca; en 1512, el español Ponce de León exploró la Florida, y un año después Núñez de Balboa se quedaba embobado ante el océano Pacífico. En adelante, ya no hubo mares desconocidos para la humanidad. Y finalmente, desde 1519 hasta 1522, Magallanes y Elcano llevaron a cabo la hazaña más memorable, la hazaña culminante: el primer viaje del ser humano alrededor de la Tierra, de España a España. Así pues, ¡el mundo era redondo! Y los océanos se podían navegar y medir.

–Eso sí que es una aventura –dijo Sergio, que aún pensaba en la vuelta al mundo de Magallanes y Elcano.

–No puedes imaginar hasta qué punto –comentó Leonardo–. Porque embarcarse en las naves de aquellos exploradores para rodear África, alcanzar América o dar la vuelta al mundo era cosa de locos. «Si quieres aprender a rezar, hazte a la mar», decía un refrán portugués de la época que muestra muy bien el miedo que reinaba a bordo: miedo a lo desconocido, miedo a los huracanes y tormentas, miedo a los piratas y a las enfermedades. Realmente, las posibilidades de sobrevivir a uno de esos atrevidos y asombrosos viajes eran muy escasas. De los doscientos setenta hombres que acompañaron a Magallanes en sus cinco barcos cuando abandonó España en 1519, sólo dieciocho regresaron con vida. El mismo Magallanes perdió la vida durante la travesía, mientras luchaba contra unos isleños del sudeste de Asia, atravesado por una flecha envenenada, acuchillado con cimitarras y alanceado en la cara.

Leonardo sonrió al comprobar el interés que había despertado en Sergio. Luego, concluyó:

–Todos los grandes progresos de la historia han costado muchos sudores, lágrimas y sangre.

Los conquistadores

–«Navegar es indispensable, vivir no es indispensable...». Eso decían los antiguos navegantes. Eso se dijo también a sí mismo Cristóbal Colón antes de partir a lo desconocido. Y su arrojo abrió el telón de un inmenso continente: ¡América! Pero descubrir el Nuevo Mundo no era suficiente. Ahora tocaba conquistarlo. Detrás de los navegantes, llegaron los conquistadores españoles. Y con ellos, comenzó otra gran aventura, otro salto a lo desconocido, una gran **epopeya,** compasiva a veces, cruel y sangrienta casi siempre.

Eso dijo Leonardo en su siguiente visita a Sergio, que miraba al sabio sin pestañear.

–Para el caminante de los desiertos de África, el espejismo dibuja en el horizonte frescos oasis con palmeras –continuó Leonardo–. Para los españoles que cruzaban el Atlántico rumbo a América, el espejismo sólo trazaba una imagen sobre el peligroso océano: oro. El futuro se alzaba ante sus ojos como una gran montaña dorada. Todos veían lo mismo. Oro. Oro. Riquezas. Todos salían a la caza de honores y provecho: desde los capitanes sin inmediata ocupación o el **segundón** osado y aventurero al descontento con su suerte o los perseguidos por la justicia. Todos ellos, los honrados y los malvados, se arriesgaron de una manera que produce vértigo.

Leonardo se dio un pequeño respiro. Luego, añadió:

–Piensa un momento en la experiencia del conquistador. Cierra los ojos e imagina. Tras un viaje peligrosísimo por mar, ya está en Cuba, dando el salto sobre el ignorado continente. ¡América! Piensa en los bancos de arena, en las selvas enmarañadas, en los bosques, en las altas montañas, en los ríos infinitos. Piensa en cómo se abrían camino los conquistadores en medio de lo desconocido. Sin los alimentos a los que estaban acostumbrados. Muchas veces sin otra cosa para beber que el agua de la lluvia o de un arroyo. Frío, calor, enfermedades, emboscadas... y la muerte acechando siempre, tras los matorrales, en el agua, en el aire. Más tarde o más temprano, enloquecían por la fatiga de las caminatas y las falsas esperanzas, los malignos insectos y el hambre. Y lo único que muchas veces sacaban en claro, al final de marchas por una tierra **inhóspita,** era una muerte sin sentido.

Leonardo interrumpió aquí el relato para que Sergio pudiera pensar en la aventura del conquistador español. Luego dijo:

–Uno de los aventureros que pasó por todo eso y salió muy bien librado fue Hernán Cortés. Valiente, cruel y ambicioso, como cualquier otro conquistador de la historia, Cortés también era ingenioso, discreto, y con frecuencia, decente. Había nacido en Extremadura, y a los diecinueve años viajó a las Indias, que era como los españoles llamaban al Nuevo Mundo. Allí se convirtió en un hombre bastante rico. Pero Cortés se había trasladado a América para alcanzar también el poder y la gloria. Por eso, cuando llegaron a sus oídos las noticias y rumores que hablaban de la existencia de un reino riquísimo en Tierra Firme, no se lo pensó dos veces y se embarcó en una de las grandes aventuras de todos los tiempos: la conquista del fabuloso imperio azteca.

Sergio vio ahora las tranquilas aguas de Cuba, y una pequeña flota que desaparecía en el horizonte, rumbo a la costa

Este de México. Era noviembre de 1518, y en aquellos barcos iba Hernán Cortés al frente de seiscientos soldados.

–La capital de los aztecas, Tenochtitlán, donde vivía el rey Moctezuma, estaba a mitad de camino entre el Atlántico y el Pacífico, justo donde hoy se encuentra la capital de México. Llegar a ella, en el siglo XVI, no era nada fácil. Había que atravesar altísimas montañas y muchas selvas. Todo eso sin mapas. La gran recompensa de Cortés y los soldados españoles que le acompañaban llegó el día en que finalmente vieron la maravillosa ciudad de Moctezuma.

¡Allí estaba! Una ciudad tan grande como Constantinopla. Sergio contempló la vista. Tenochtitlán estaba rodeada por un gran lago. Era como una isla, unida a tierra firme por cuatro avenidas construidas sobre el agua. Sus calles, tierra y agua a partes iguales, eran navegadas por canoas. Había dos enormes acueductos y numerosos templos de piedra. Los templos eran grandísimos, con muchas y enormes torres escalonadas, y con salas pintadas de colores, repletas de imágenes de dioses terribles a quienes los sacerdotes aztecas ofrecían espantosos sacrificios humanos.

–Los aztecas –dijo Leonardo– sobresalían en las artes y en la construcción, eran muy buenos en matemáticas y expertos en agricultura, pero carecían de algunos inventos importantes que sí tenían los españoles y los europeos: ignoraban el hierro, no conocían la rueda ni la pólvora, y carecían de barcos para cruzar océanos. Los aztecas eran muy poderosos. Habían conquistado la mayor parte de los pueblos de la América Central. Treinta reyes rendían obediencia a Moctezuma, pero le odiaban porque la dominación azteca se basaba en el terror. Hernán Cortés se dio cuenta de esa ventaja, y supo ganarse el apoyo de los pueblos nativos descontentos para vencer a Moctezuma. Así, después de una sangrienta batalla, en 1521, tres años después de su desembarco en la costa mexicana, los españoles vencieron a los aztecas.

Sergio aceptó en silencio aquel final. Tenochtitlán fue destruida delante de sus ojos.

–Pocos años después de que Hernán Cortés terminara su conquista, en 1530, la ambición movía a Francisco Pizarro, un veterano capitán de las guerras de Europa, a realizar otra empresa increíble. Pizarro –explicó el sabio– desembarcó en la costa de Ecuador, y después de una larga y asombrosa expedición, conquistó el imperio de los incas, en el Perú, un imperio aún más formidable que el de los aztecas.

Leonardo volvió a hacer una pausa. Sergio esperaba con paciencia. Pero el sabio sólo habló después de un largo silencio:

–Fue algo bastante sombrío... digno de compasión. Ninguna conquista –dijo muy lentamente– es agradable cuando se observa con atención. En el Nuevo Mundo, los españoles se enfrentaron con el misterio, el miedo, el sufrimiento y la muerte. Fueron brutales y despiadados, y se apoderaron de todo lo que pudieron. Ninguna aventura les pareció imposible si se trataba de conseguir oro. Pero tampoco debes ignorar la otra cara de la conquista. Las ciudades, las iglesias y hospitales, las universidades... en fin, las cosas que se construyeron en América bajo el dominio español. Y también las que llevaron tras ellos los conquistadores: la imprenta, por ejemplo, y una nueva lengua, el castellano, que hoy se habla en gran parte de América.

Intolerancia

–La religión –empezó Leonardo su siguiente historia– también se vio afectada por los cambios que trajo el Renacimiento a Europa. Durante la Edad Media, el Viejo Continente había descansado siempre en el **regazo** de la Iglesia católica. Arriba estaba la autoridad del Papa de Roma, que ofrecía la palabra sagrada a la humanidad, y abajo el pueblo, que contemplaba al Papa con miedo y devoción. Además, donde surgía la queja y la crítica, la Iglesia manifestaba, rápidamente, su enorme capacidad para silenciarlas. Hasta el emperador temblaba sólo de oír una condena del Papa. Pero, a partir del siglo XV y durante el XVI, los sabios alimentaron un espíritu crítico que agitó Europa entera e hizo tambalear la obediencia ciega en la Iglesia. Si los secretos de la tierra podían ser desvelados, ¿por qué no los divinos? Ahora o nunca, se dijeron algunos sabios y eruditos, es posible cambiar el pensamiento del mundo.

De pronto apareció Roma, ruidosa y bella bajo un cielo muy limpio y muy azul, un cielo como una gigantesca cúpula que envolvía todas las plazas y palacios de la ciudad del Papa.

–Todas las miradas de los **humanistas** se dirigían a Roma –siguió Leonardo–, donde los sucesivos papas, ahora amantes del lujo, vivían más preocupados por satisfacer su ambición que por mantener viva la palabra de Cristo. El español Alejandro VI, Papa de 1492 a 1503, sólo se preocupó de aumentar el poder de la Iglesia y de su familia. Y su sucesor, Julio II, de un sueño: hacerse amo y señor de toda Italia, aunque para ello tuviera que ir a la guerra una y otra vez. Como los papas que le siguieron, Julio II también gastó inmensas sumas de dinero para que los mejores artistas de la época llenaran Roma de magníficos edificios y obras de arte. Al gran arquitecto Bramante, por ejemplo, le encargó reconstruir la basílica de San Pedro, y a Miguel Ángel decorar la Capilla Sixtina.

Cuando Sergio vio la Capilla Sixtina, se quedó boquiabierto. Las pinturas que estaban allí, flotando sobre el suelo, eran distintas a todas las que había visto hasta ahora.

–Fue entonces –dijo Leonardo, rompiendo la emoción de aquel momento– cuando un fraile alemán, llamado Lutero, lanzó su protesta contra Roma. Lutero no podía soportar que los papas fueran príncipes deseosos de conquistar Italia antes que pastores de almas, ni que se comportaran como cualquier otro rico. Tampoco podía aguantar que la Iglesia recaudara dinero haciendo pagar a los fieles por el perdón de los pecados, una práctica que estaba en completo desacuerdo con las enseñanzas de Jesús. Lutero pensaba que la salvación sólo se alcanza mediante la fe. Además sostenía que el creyente no debe aceptar sin crítica el mensaje de la Iglesia. «Sólo es válido lo que está en la Biblia», repetía Lutero. Y también: «El cristiano tiene que investigar en la Biblia el pensamiento de Dios».

Leonardo hizo un descanso. A continuación dijo:

–Todo eso empezó a decir Lutero en octubre de 1517, y su voz, sencilla y potente, ampliada por la imprenta, atravesó Europa entera como un relámpago. De nada sirvió que el Papa le dijera: «¡Hasta aquí hemos llegado!» y amenazara con expulsarle de la Iglesia si continuaba protestando. «Mi conciencia –respondió a quienes le llamaban al orden– es prisionera de la palabra de Dios y, por tanto, no puedo ni quiero desdecirme de nada, pues es peligroso actuar contra la propia conciencia».

Sergio vio ahora a un fraile predicar en una iglesia, de pie en un **púlpito.** Tenía un rostro fuerte y unos ojillos astutos, chispeantes. Las personas que le escuchaban parecían conmovidas por sus razonamientos, expresados con fuerza.

–Con su palabra apasionada, Lutero dividió el mundo católico, europeo, en dos. Y esa gigantesca ruptura atravesó todos los reinos, todos los países, todas las ciudades, todas las casas, todas las familias, todos los corazones. Muy pronto, a los europeos sólo les quedó una elección. O protestantes, que es como se llamó a los diversos seguidores de Lutero, o católicos, segui-

dores del Papa y de los numerosos cambios y mejoras que se aprobaron en el Concilio de Trento para aumentar el poder y la dignidad de Roma. Muy pronto, la Reforma, que soñaba con dar a Europa un nuevo espíritu cristiano, produjo la barbarie de las guerras de religión.

«¡Más guerras en nombre de Dios!», se dijo Sergio, que aún recordaba las conquistas de Mahoma y la ferocidad de las cruzadas.

–Durante más de cien años después de la muerte de Lutero, en 1546 –añadió Leonardo–. el conflicto entre religiones fue casi tan devastador como la peste negra. Alemania, Holanda, Bélgica, Inglaterra... vivieron combates muy violentos entre católicos y protestantes.

Leonardo se interrumpió un momento. Dijo:

–Peor aún fue en Francia, donde la guerra civil asoló el país durante cuarenta años, animada por la terrible idea de que se puede matar a otras personas si sus creencias sobre Dios o la autoridad de la Iglesia son las equivocadas. Los católicos hacían quemar a los protestantes y en una sola noche asesinaron a más de ocho mil personas. Los protestantes, a su vez, vengaron crímenes con crímenes. De pueblo en pueblo, de ciudad en ciudad, avanzaban las tropas tanto católicas como protestantes, pero siempre franceses contra franceses, sin que ninguno de los bandos cediera al otro en saña y crueldad.

Sergio se dio cuenta de la tristeza que nublaba ahora la mirada de Leonardo. Y realmente, las cosas de las que hablaba el sabio florentino eran para estar profundamente triste. Ante los ojos de ambos, centenares de personas pasaron de la vida a la muerte, torturadas, colgadas, decapitadas, quemadas...

–Fue una época terrible –dijo Leonardo–. Entre 1540 y 1648 no hubo ni un año en que no hubiera guerra en Europa. La más terrible de todas ellas fue la de los Treinta Años, una guerra que comenzó en Praga en 1618, motivada por la disputa religiosa, que enredó a todos los reinos de Europa y dejó Alemania, su principal campo de batalla, maltrecha.

Leonardo interrumpió el relato un momento, para concluir después con un dato escalofriante:

–Una **plegaria** de la Edad Media dice: «Líbranos, oh, Señor, de la guerra, de la hambruna y de la peste». Pues bien, Alemania sufrió esos tres males entre 1618 y 1648. Pisoteada y arrasada por ejércitos obligados al saqueo y al pillaje para mantenerse, la patria de Lutero perdió, durante esos horrendos años de guerra europea, casi la tercera parte de su población.

Los señores del horizonte

–Treinta y nueve años antes de que Colón descubriera América... casi dos siglos antes de que la guerra de los Treinta Años arrasara Alemania... en 1453... mientras Boccaccio y Petrarca soñaban con resucitar el saber de la Antigüedad... los turcos otomanos iniciaban su último asalto contra los muros de Constantinopla.

Así, con pausas breves, comenzó Leonardo otra de sus historias.

–El imperio bizantino –continuó Leonardo–, que en otro tiempo no se podía recorrer empleando meses y meses, se podía cruzar ahora, a mediados del siglo XV, a pie. ¡Y en apenas tres horas! Del fabuloso imperio de Justiniano no quedaba ya más que una cabeza sin cuerpo, una capital sin reino: Constantinopla. Y entonces, la más grande y gloriosa capital cristiana después de Roma cedió por fin al asalto de los ejércitos otomanos.

De pronto, se oyó un estruendo horripilante. A todo lo largo de las murallas de Constantinopla los soldados turcos se habían lanzado al asalto entre gritos de guerra, mientras trompetas, tambores y pífanos los animaban a la lucha. Una atroz degollina tiñó de sangre el enlosado pavimento de las calles, las escaleras de los templos, el recinto sagrado de Haga Sofía.

–Aquel 29 de mayo de 1453 –dijo Leonardo–, Constantinopla entró a formar parte del mundo de los sultanes turcos, que seguían las normas del Corán y habían declarado la guerra al Occidente cristiano. El sultán Mehmet cumplía entonces el viejo sueño de sus antepasados: reinar desde la dorada capital de Justiniano. Al principio, eso sí, le aterró su desolación y prefirió construirse un palacio en Adrianópolis. Mas pronto cambió de parecer. Mucho antes de morir, en 1481, Mehmet pudo contemplar con orgullo la nueva Constantinopla, la ciudad que a partir de ahora se llamaría Estambul, y donde se levantaban cada día nuevos edificios.

Sergio pensó que aquella ciudad que ahora veía surgir entre la niebla de la mañana estaba hecha para trasladarse con alfombras voladoras, como aquel ladrón de la película que tanto le gustaba a su padre, *El ladrón de Bagdad.* ¡Oh, qué bonito era Estambul! Los **alminares** destacaban por encima de las cúpulas de Santa Sofía y de la gran mezquita Azul, como lanzas. Y cayendo al mar, estaba el gran palacio del sultán, el palacio de Topkapi, con sus cocinas, sus jardines, sus patios, sus pabellones y sus habitaciones para músicos, esclavos y verdugos.

–La cristiandad entera no tardó mucho en saber que Constantinopla estaba en poder de los turcos –dijo Leonardo mientras Sergio contemplaba Estambul–. El horror fue grande porque nadie, en Occidente, lo esperaba. Y porque, además, nadie había acudido en su ayuda. La noticia llegó hasta Roma, hasta Venecia, hasta Florencia. Resonó en España, en Francia, en Alemania. Estremecidos, los príncipes y reyes se dieron cuenta de que los turcos habían conseguido la llave para entrar en Europa.

Leonardo se interrumpió un momento. Sergio seguía contemplando Estambul y esperaba con paciencia.

–Durante los siglos XVI y XVII, los turcos serían una gran amenaza para Europa. Pronto se adueñaron de Grecia y de los Balcanes, avanzando avasalladoramente hasta el Danubio. Además, lograron aplastantes victorias en el corazón del islam, pasando a su control Siria, Arabia y Egipto. Cuando, en 1520, ascendió al trono Solimán el Magnífico, el imperio otomano se extendía desde el Danubio hasta el Nilo. Solimán, el más grande de todos los sultanes turcos de la historia, ensanchó más aún, mucho más, aquel vasto imperio. Conquistó Irán, entró en Bagdad y, gracias a su poderosa flota, se hizo dueño y señor del Mediterráneo oriental. Luego volvió sus ojos hacia Europa, avanzó al frente de sus ejércitos Danubio arriba y derrotó al

ejército húngaro en el año 1526. Victoria tras victoria, los turcos llegaron entonces hasta las puertas de Viena.

–¿Y nadie les frenó? –preguntó Sergio.

–Sí, esta vez sí. Verás... Los ciudadanos de Viena habían pedido ayuda a Carlos V, el otro gran emperador guerrero del siglo XVI, un nieto de los Reyes Católicos que gobernaba España, América, los Países Bajos, amplias zonas de Italia y toda Alemania, desde el Báltico a Bohemia. Y Carlos V acudió en auxilio de sus súbditos germanos. Además, el año estaba muy avanzado para iniciar el asedio de la ciudad, el invierno se acercaba y Solimán decidió ser prudente y retirarse. Ambos, Carlos V y Solimán el Magnífico, se sintieron aliviados porque los colosales imperios que llevaban a sus espaldas no se pusieran en peligro en una decisiva batalla.

Leonardo hizo una pausa. Luego, mientras contemplaba Estambul, dijo:

–Aquel enfrentamiento decisivo tuvo lugar más de cuarenta años después, en 1571. Fue en los tiempos de Felipe II, rey de España y de las Indias. Fue en los tiempos del papa Pío V, que a fuerza de energía despertó el ideal de cruzada y constituyó la Santa Liga contra el turco, formada por Roma, Venecia y España. Al mando de don Juan de Austria, hermano del rey Felipe II, la gran flota cristiana venció a la turca en Lepanto. Una batalla encarnizada, en la que combatió Miguel de Cervantes, autor de *Don Quijote de la Mancha.* Una victoria decisiva, pues acabó con el empuje marítimo de los turcos y frenó su arrollador avance.

Eso añadió Leonardo a su historia. Luego concluyó con estas palabras:

–El gran imperio construido por Mehmet y Solimán comenzó a desfallecer a mediados del siglo XVII. A partir de entonces se convirtió en un cuerpo viejo, resquebrajado por muchos vicios, atrapado en la trampa de la tradición, alejado de los avances que marcaron el empuje europeo del siglo XVIII. Cada día fue debilitándose más y más. Hasta que se consumió. Hasta apagarse finalmente.

La ciencia

–En 1600, con el imperio turco al **acecho** y pujante, no había indicios de que Europa pudiera llegar a influir en un abanico de pueblos y culturas mayor que el gobernado por la Roma de los césares. No obstante, sucedió así...

Éste fue el comienzo del último cuento del viejo Leonardo.

–La ciencia fue el principal descubrimiento, o invención, del siglo XVII, y también el gran motor que renovó el empuje de Europa –dijo Leonardo. Luego, después de una pausa, añadió–: Me gusta pensar que todo comenzó con los barcos. Sí, sí... los viajes de los navegantes animaron el deseo de abrir los ojos e investigar las causas de todas las cosas: el movimiento de las estrellas, por qué cae la piedra que se suelta, cómo sube cuando se la lanza al aire... Junto a los que se aventuraron audazmente por mares desconocidos, junto a Colón, Vasco de Gama y Magallanes, aparecieron muy pronto otra serie de aventureros, estudiosos a quienes ya no les bastaba lo que decían los libros antiguos. Allí donde había reinado la fe, empezó a reinar la duda. Los modernos maestros del espíritu decían: «Sí, eso está en los libros, eso dice Aristóteles o la Biblia, pero vamos a verlo por nosotros mismos». ¡Ah! –suspiró Leonardo–. Se trata de un momento estelar para la humanidad, una época que es un cambio de época. Fue entonces cuando se aprendió a observar, medir y explicar los fenómenos naturales de la manera que hoy todos llamáis científica.

Leonardo hizo otra pausa. Aquella historia parecía gustarle más que ninguna otra. Era como si al contarla estuviera viéndose a sí mismo en Florencia, cuando realizaba sus estudios sobre la mecánica del vuelo de los pájaros. Y en efecto, nada le resulta más fácil a un hombre de ciencia que evocar el generoso espíritu de la revolución científica.

–Sí, amigo mío. La ciencia **bullía** en Europa. Durante el siglo XVI dejó de arrastrarse y comenzó a andar. A partir del siglo XVII echó a correr. La imprenta, que había extendido el interés por la Antigüedad y difundido la protesta de Lutero, anunciaba los nuevos descubrimientos en las cortes y en las universidades, siempre al acecho de las últimas noticias.

Sergio también estaba al acecho. Con impaciencia, esperaba a que el sabio Leonardo le dijera qué cosas se descubrieron entonces.

–¡Muros, anillos, inmovilidad! –dijo de pronto Leonardo, señalando el cielo–. Durante mucho, mucho tiempo, la humanidad creyó que el Sol y todos los astros del cielo daban vueltas alrededor de la Tierra. El Papa, los cardenales, los príncipes, los sabios y exploradores creían estar inmóviles dentro de una gran esfera de cristal. Pero en 1510, poco después de que Colón y sus viajes hubieran ensanchado el mundo, Copérnico dijo que esa idea era errónea.

A Sergio le resultó muy gracioso el nombre de aquel estudioso del Sol, la Tierra y las estrellas: ¡Copérnico!, que según Leonardo era un investigador polaco que dominaba como nadie las matemáticas y la astronomía.

–«Nuestra Tierra –dijo Copérnico– no es el centro del Universo. En realidad, sólo es otro planeta que gira alrededor del Sol».

Pero Copérnico no tenía datos sobre los movimientos de los planetas, sólo cálculos y **conjeturas.** Además tenía miedo.

–¿Por qué?

–Temía a los guardianes de la tradición –respondió Leonardo–, pues sus conjeturas cuestionaban la Biblia y amenazaban la confianza en la Iglesia. Y tenía razones para tener miedo. Cuando por fin, ya en su lecho de muerte, Copérnico dio permiso para publicar sus ideas en un libro, la Iglesia católica y la protestante las desecharon como fabulosas. «¿Qué dicen las Sagradas Escrituras?», preguntaron. Y con la Biblia abierta, golpeando con el dedo en un pasaje, se respondieron a sí mismos, clamando a coro: «Que la Tierra está en el centro del Universo, permanece quieta, y el Sol y los astros giran a su alrededor».

–Pero eso no es verdad –saltó Sergio.

–Ahora sabemos que no. Pero piensa una cosa –dijo Leonardo–: Copérnico sólo tenía conjeturas, y pedía a los demás que creyeran sus cálculos. Tuvieron que pasar cien años más para que Galileo Galilei demostrara que esos cálculos no eran ninguna fábula.

–¡Cien años! –repitió Sergio.

–Galileo nació en Pisa en 1564 y murió cerca de Florencia en 1646. Fue profesor de matemáticas en Padua y el científico más importante de su tiempo. A diferencia de Copérnico –continuó Leonardo–, Galileo sólo pidió a los sabios de su época que creyeran a sus ojos.

–¿A sus ojos?

–Sí, a sus ojos –repitió Leonardo–. Verás, Galileo tuvo a su lado un gran e inesperado aliado: el poder iluminador del telescopio, un nuevo invento que él llamó catalejo y con el que conseguiría en los cielos lo que Colón y Magallanes habían hecho surcando los mares. ¡Trazar el mapa de nuevos mundos!

De pronto Sergio vio un gabinete de estudio. Con un grueso abrigo, junto a un catalejo, un hombre estudiaba el cielo nocturno.

–A través de su catalejo, Galileo pudo ver cosas que no había visto persona alguna antes que él –dijo Leonardo–. Lo primero que descubrió fue que la Luna tenía montañas y valles, como la Tierra, y que la Tierra era un cuerpo celeste entre miles. También vio que la Vía Láctea estaba formada por estrellas, que el Sol tenía manchas que cambiaban de forma y posición, y que Copérnico estaba en lo cierto cuando afirmaba que la Tierra no es el centro del Universo... Andaba sobre brasas.

–¿Sobre brasas?

–Sí. Sobre leños ardiendo... porque Galileo, mediante sus descubrimientos, estaba diciendo que la Iglesia no tenía autoridad para describir el Universo, pues ponía la fe por encima de la razón y de la búsqueda la verdad. ¿Iban a permitir eso el Papa y los cardenales? De ninguna manera. La Iglesia levantó su poderosa mano contra Galileo en 1616 y una mano aún más poderosa cuando se empeñó en defender sus teorías. La amenaza era seria, ya que la Iglesia ya había quemado en Roma a un hombre por afirmar cosas parecidas. Se llamaba Giordano Bruno, y Galileo no quiso seguir su ejemplo. Así que calló y conservó la vida.

A Sergio le dio mucha pena la historia del sabio Galileo. Pero Leonardo no quiso acabar con un final tan triste su último relato. Dijo:

–A pesar de la postura de la Iglesia, las opiniones de Galileo no se perdieron en el silencio. Cuando murió, sus investigaciones habían llegado a oídos de todos los sabios, y todas las personas cultas sabían que la Tierra no era el centro del Universo. Además, la ola de descubrimientos no se detuvo en Galileo. Al contrario: creció y creció y creció. Desde el siglo XVII la ciencia ha progresado mucho y ha descubierto muchas verdades y procurado muchos beneficios.

El siglo de la razón

El cuarto sabio

Cuando Sergio llegó a casa después del colegio, el cuarto sabio ya estaba esperando. Leonardo da Vinci se había despedido del niño la tarde anterior, tras decirle que el siglo XVII, el siglo de Galileo Galilei, había entreabierto la puerta a una nueva época. Éstas fueron sus palabras:

–Al final del siglo XVII se han descubierto muchas cosas, pero quedan más aún por descubrir. Todo se mueve ya en Europa. De una ciudad a otra se repiten estas palabras: «Que las cosas hayan sido de una forma no significa que sigan así por siempre». Muy pronto, se produjo una corriente de aire que levantó hasta las vestiduras bordadas de oro de los príncipes y los obispos, de forma que se les vio por debajo las piernas: ¡Unas piernas como las de todo el mundo! Pero aguarda. Aguarda a mañana, y el barón de Montesquieu te hablará de esas corrientes de aire.

Y allí estaba ahora, en casa de Sergio, aquel barón de Montesquieu. Su rostro parecía de marfil; su cabello se escondía bajo una peluca blanca y rizada; su mirada era viva; la nariz bien cincelada. Aunque vestía medias blancas y un traje de paño de color castaño, de excelente hechura y según las reglas de la moda del siglo XVIII, parecía el hombre indicado para adornar un templo romano.

El barón de Montesquieu saludó a Sergio con un gracioso movimiento. Dijo: «Buenas tardes», y luego, acallando el tranquilo saludo de Sergio:

–Soy Charles-Louis de Secondat, barón de Montesquieu. Nací en 1689, en el castillo de la Brède, cerca de Burdeos. Fui hombre de mundo y escritor galante, filósofo de la historia y célebre viajero. Sobre todo, soy el autor de dos obras muy famosas: *El espíritu de las leyes* y *Las cartas persas*, obras donde detallo mis opiniones acerca de las leyes y las sociedades... Mi propósito –añadió el barón– fue siempre hacer pensar. Sí... hacer pensar...

Sergio echó un rápido vistazo al cuarto sabio. Luego exclamó:

–Leonardo dijo que sabes grandes historias y también que me hablarías de la mejor y la peor de las épocas.

–¡Ah! Sí... Leonardo da Vinci –respondió el elegante barón con un tono claro y paciente. Luego dijo–: Yo he venido a hablarte del siglo XVIII, una época que en la escuela llaman «Ilustración» y también «Siglo de las Luces».

La Enciclopedia

–Llegué a París en 1709 –dijo Montesquieu.

Y aquellas palabras fueron el comienzo de la primera de las historias que el barón de Montesquieu contó a Sergio.

–Aún reinaba Luis XIV –siguió el barón–. Aquel monarca había gobernado Francia con mano firme desde hacía casi setenta años, pero ahora era muy viejo y apenas salía de su gran palacio de Versalles, un palacio tan grande como una ciudad.

A Sergio Versalles le recordó un poco el palacio de Aranjuez, que había visitado con sus padres. Pero Versalles, con sus innumerables estancias y sus magníficas pinturas, no puede compararse con nada. Allí, los estanques relucen como miradas y las estatuas parecen meditar como sabios antiguos bajo el verde de los árboles. Allí, en sus maravillosos jardines, arriba y abajo sobre la gravilla, se paseaban los poderosos nobles de Francia con sus damas, conversando con frases risueñas y elegantes de la guerra de Sucesión en España, de cómo había hecho la reverencia el embajador holandés y otras cosas por el estilo.

–Luis XIV –dijo el barón– era el monarca más poderoso de Europa y quería que todo siguiera igual que siempre, pero a su alrededor sólo se hablaba ya de testamentos, de intrigas y de muertes que no podían tardar. Además, todo estaba cambiando ya. ¡En París! De espaldas al poderoso y anciano rey. Según los filósofos y escritores que pasaban las tardes en los salones literarios y cafés de la capital francesa, el mundo iba a hacerse muy razonable y más práctico, sin cosas sagradas, sin el poder del Papa ni la soberbia vanidad de reyes como Luis XIV. Sí, se acabarían para siempre las persecuciones religiosas. También se acabarían los reyes empeñados en tener un poder total sobre sus súbditos y en planear costosas guerras de conquista. Además, la claridad de la razón vencería por fin a la gran tiniebla de la superstición porque así la humanidad sería más libre y más feliz. Todo eso se decía en algunos círculos de París a comienzos del siglo XVIII, y también que las sociedades deben estar organizadas para el bienestar del pueblo. Y entonces... ocurrió por fin: Luis XIV murió. Fue en el año 1715.

Montesquieu se interrumpió, como si alguien, un recuerdo, le **bloqueara** el paso. Tomó aliento y siguió hablando:

–La muerte de Luis XIV dio lugar a un nuevo brote de ideas que animaron aún más los salones, teatros, cafés y paseos de París. Los cambios se palpaban en el aire. Y los filósofos y científicos de la Ilustración no sólo creyeron en el **progreso** de la humanidad. También pensaron que ese progreso conduciría, inevitablemente, a la libertad y a la felicidad de los pueblos.

De pronto apareció la brillante ciudad del Sena: París, con sus palacios y jardines, sus puentes y paseos, con su elegancia y el continuo bullicio de sus calles.

–Ésta es París –dijo el barón de Montesquieu–, entonces la capital mundial no sólo de la moda sino también de la cultura. Éste es el lugar donde se libró una de las más importantes batallas de la razón, la ciudad donde se desarrolló toda la historia de la *Enciclopedia.*

–¿Una enciclopedia? –preguntó Sergio.

–La madre de todas ellas –respondió Montesquieu–. Hablo de la gran *Enciclopedia* del filósofo Diderot y el matemático D´Alembert, que supuso el primer triunfo del pensamiento libre contra la censura de la Iglesia y la Corona unidas.

Sergio soltó un ¡Ah! de sorpresa. El barón prosiguió.

–La gran *Enciclopedia* fue, sin duda, el acontecimiento cultural más importante y fabuloso de toda la historia del siglo XVIII, un hermoso sueño de clasificación y explicación, una gigantesca tentativa de resumir y organizar el mundo entero en

palabras, con exactitud. Por supuesto, no resultó fácil. Para Luis XV y para la Iglesia, la gran obra que estaba cobrando forma en la ciudad, bajo sus propios ojos, no era menos venenosa que una serpiente, y resultaba mucho más aterradora que una calavera.

–¿Por qué? –preguntó Sergio.

–La *Enciclopedia* –respondió el barón– exponía la verdad tal y como la veían los filósofos del siglo XVIII. Muchas de sus afirmaciones ponían en duda la autoridad de la Iglesia y la del Rey. Por eso el Papa y Luis XV quisieron impedir a toda costa que esa gran obra viera la luz. Y los enciclopedistas –no sólo Diderot y D´Alembert, también sus colaboradores– vivieron años de detenciones y encarcelamientos, amenazas, ataques y **exilios.** Aun así, a pesar de todas esas dificultades, concluyeron su obra: un trabajo que habían iniciado en 1750 como un diccionario en dos volúmenes y que creció hasta convertirse en un gigante de veintiocho tomos. ¡Setenta y dos mil novecientos noventa y ocho artículos, veinte millones de palabras!

El barón dijo entonces que en la gran *Enciclopedia* estaba todo. Todas las cosas, todas las historias, todas las vidas ilustres. Todo el saber de la época delante del lector, clasificado, detenido. Abriendo al **azar** cualquier tomo de la gran *Enciclopedia* podía encontrarse casi cualquier cosa: el ascenso y caída de un imperio, las costumbres de los países más remotos, los inventos que hacían más cómoda y provechosa la vida, el comercio que enriquecía a los pueblos, una crítica implacable del tráfico de esclavos, un relato sobre la extracción de oro en América... Montesquieu dijo:

–Las ideas de los filósofos de París se extendieron por toda Europa gracias a la *Enciclopedia.* Aquélla fue la mejor de las épocas, un período de luz. Los nuevos descubrimientos científicos se debatían cada vez más abiertamente, igual que las nuevas ideas políticas y económicas. Fue un tiempo de grandes ilusiones. Fue como cuando se espera ansiosamente un día de fiesta.

Los viajeros de la Ilustración

–El deseo de conocer, clasificar y explicar el mundo con exactitud motivó nuevos desafíos y aventuras –dijo Montesquieu, anunciando así un nuevo cuento de la historia.

Sergio observó al barón con expectación, incluso con fascinación.

–¿Recuerdas al explorador Magallanes? –preguntó de pronto Montesquieu.

Sergio afirmó moviendo la cabeza, esperando que el barón empezara ya su relato.

–Bien –dijo el barón–, mucho después de la vuelta al mundo de Magallanes, aún quedaban dos continentes más por descubrir. Australia se encontraba tan al sur que los barcos nunca se habían tropezado con ella. Y la niebla y los cristalinos bloques de hielo escondían el inmenso territorio de la Antártida, un mundo primitivo, blanco, sin vida. El aislamiento de los nativos de Australia llegó a su fin en el siglo XVIII. El miedo a su eterno invierno mantuvo cercado el acceso a la Antártida hasta el siglo XIX, cuando los rusos la bordearon y un osado equipo de científicos ingleses pisó por primera vez el continente helado.

Montesquieu se interrumpió un momento. Luego añadió:

–Durante el siglo XVIII, las grandes monarquías europeas **patrocinaron** un buen número de misiones científicas en busca de nuevos descubrimientos. Ninguna tan audaz –señaló el barón– como las dirigidas por James Cook.

A continuación, dijo:

–En 1768 los ingleses organizaron una gran expedición al Pacífico. Al mando estaba el explorador James Cook, y una de sus misiones era encontrar el gran territorio del sur que, se decía, ¡debía de estar en alguna parte de aquel gran océano, el

más grande del mundo! Aunque los barcos eran ahora mejores y más seguros que en la época de Magallanes y aunque, gracias al avance de la medicina, las penurias que se vivían a bordo habían menguado, un viaje a ese rincón de la Tierra era muy, muy arriesgado.

Sergio imaginó los peligros: aguas desconocidas, nativos salvajes, enfermedades...

Mientras tanto, Montesquieu seguía con su historia:

–Aquel gran territorio del sur era Australia, y el capitán Cook lo vio por primera vez el 20 de abril de 1770, después de cruzar el Atlántico, rodear América del Sur por el cabo de Hornos y circunnavegar Nueva Zelanda. A su regreso, en 1772, y después de las felicitaciones, Cook recibió otra misión: enterarse de los secretos que aún escondía el sur del Pacífico. El capitán volvió a navegar hacia los más lejanos mares, al mando de dos embarcaciones. Y así se internó en las **gélidas** aguas del Círculo Polar Antártico.

De pronto, aparecieron dos navíos avanzando entre alfombras de hielos flotantes. Los **icebergs,** tan altos como catedrales góticas, crujían y caían alrededor de los barcos. Sergio pensó que el frío aire glacial debía hacer muy dura la vida a bordo.

–Sin saberlo –dijo el barón–, Cook estuvo a menos de ciento cuarenta kilómetros de la Antártida, pero aquel mar de hielo era tan peligroso que el capitán renunció a seguir explorándolo. Así que cambió el rumbo hacia aguas más calidas, hacia Nueva Zelanda y Tahití, y luego se dirigió a Inglaterra. Fue un regreso triunfal. La gente lo aclamó en las calles y el Parlamento le rindió honores. Pero Cook soñaba con más y más aventuras. El mar lo reclamaba sin cesar. Y en 1776 emprendió una tercera expedición. Esta vez para explorar el norte del Pacífico. Jamás regresó. Murió en las islas Hawai. Asesinado por los indígenas,

«El mismo final que Magallanes», pensó Sergio. Luego se quedó tan pensativo que casi no oyó la voz del barón de Montesquieu, que dijo:

–Aparte de descubrir Australia, el capitán Cook reveló al mundo la dimensión real del Pacífico. El audaz explorador sacó de su aislamiento muchas islas del gran océano e hizo mapas de una precisión sin precedentes. Además, la ciencia fue un pasajero de primera clase en las expediciones de Cook. Admirados en el mundo entero, sus viajes fueron un adelanto de los emprendidos por Alexander von Humboldt, el científico más trotamundos de la historia, y Charles Darwin, el brillante sabio de la **teoría de la evolución.** Pero eso es ya otra historia.

El país de las libertades

–¡Ah! Inglaterra... ¡Qué ideas no han flotado entre la niebla de Londres, sobre la corriente del río Támesis, deslizándose hacia el mar, en ruta por el mundo!

Montesquieu se interrumpió, e hizo un pequeño esfuerzo para que los recuerdos personales no empañaran el relato que se disponía a contar. Dijo:

–Llegué a Londres muchos años antes de que sus calles celebraran las hazañas del capitán Cook. Llegué a la capital de Inglaterra en 1728, cuando mis *Cartas persas* se vendían como panecillos y en los más selectos salones de París se me escuchaba con respeto. Londres me maravilló y horrorizó a un tiempo. Aquello era la vida moderna. Y mi curiosidad me llevó a anotarlo todo, a leerlo todo, a estudiar sus leyes y entrevistarme con sus personajes ilustres.

El Támesis impresionó a Sergio. El viejo río reposaba tranquilo, en toda su anchura, a la caída del día, con la dignidad de un camino de agua que lleva a los más remotos lugares de la tierra.

–A diferencia de muchos cabeza-huecas que pasan por sabios, a mí nunca me pareció poco patriótico destacar los males de mi país y señalar las ventajas extranjeras que pueden mejorarlo –seguía diciendo el barón–. Así lo he demostrado al denunciar los males de la sociedad francesa del siglo XVIII. También al expresar mi admiración por la monarquía parlamentaria inglesa.

–¿Qué es una monarquía parlamentaria? –preguntó Sergio.

–Veamos... –respondió Montesquieu–. En mi época –añadió después de pensar un rato–, la nación inglesa era la única en el mundo que se había resistido al poder de los reyes, regulando y poniéndole límites. La única nación que había establecido ese gobierno sabio, sensato, en el cual el Parlamento, elegido por el pueblo, comparte el poder con el rey... y el rey, todopoderoso para hacer el bien, tiene las manos atadas para hacer el mal.

Sergio entendió, a la primera, la explicación del elegante barón.

–A los miembros del Parlamento de Inglaterra –dijo entonces Montesquieu– les gustaba imitar a los antiguos romanos. Te confieso que yo no vi nada en común entre sus gobiernos. En Roma, el resultado de las guerras civiles fue un emperador; en Inglaterra, la libertad. Sí... porque acabar en Inglaterra con el poder absoluto de los reyes costó muchos esfuerzos y mucha

sangre. Numerosas y sangrientas batallas. Primero una **guerra civil** entre 1642 y 1651, de la que salió victorioso el Parlamento y en la que el rey Carlos I fue hecho prisionero, juzgado, condenado a muerte y decapitado. Después, más protestas y una revolución. La revolución de 1688, que tuvo como portavoz al **elocuente** filósofo John Locke.

–¡Un filósofo en una revolución! –exclamó Sergio.

–Durante siglos, más aún, durante milenios –explicó el barón–, se había creído que el rey tenía derecho a reinar y que el pueblo debía sufrir ese gobierno con la esperanza de que fuera bueno y compasivo. Locke protestó contra esa idea: era el pueblo el que tenía derecho a un gobierno bueno y respetuoso con la ley, y el rey estaba obligado a dar ese gobierno al pueblo si no quería ser **derrocado.**

Montesquieu hizo una pausa. Luego exclamó:

–Éstas fueron las ideas que triunfaron en Inglaterra a finales del siglo XVII...

Y concluyó:

–... las ideas que, recogidas en la ley, garantizaron a todo inglés una beneficiosa serie de derechos. Esos derechos son: ¡derecho de propiedad, al gobierno y a la revolución!, derecho a hablar y escribir en plena libertad, a profesar en paz la religión que se prefiera y a ser juzgado en cualquier asunto de acuerdo con leyes precisas y por un jurado de hombres libres... Todo realmente envidiable para un viajero como yo, procedente de Francia. Sí, envidiable...

El nacimiento de una nación

–Pero has de saber –dijo Montesquieu al caer la noche– que Inglaterra tampoco era ningún paraíso. También allí, como en los demás países, existían numerosos abusos y prejuicios. Los políticos utilizaban las palabras que Locke les había enseñado, pero muchas veces se mentían a sí mismos, se mentían los unos a los otros y mentían a los americanos.

–¿A los americanos? –dijo Sergio con la boca abierta.

–A mediados del siglo XVIII –explicó el barón– muchas regiones del Nuevo Mundo estaban ya bajo control europeo. A las conquistas españolas en América del Sur y Central, y a las portuguesas en Brasil, se había sumado la presencia francesa e inglesa en América del Norte.

Por un momento, Sergio pensó en barcos y en todas las personas que habían dejado sus hogares y habían navegado a través del océano Atlántico para adueñarse de aquel vasto continente e instalarse en una tierra desconocida. La voz de Montesquieu interrumpió esos pensamientos.

–Pues bien –siguió el barón–, en 1763 reinaba Jorge III. Inglaterra poseía trece colonias en América del Norte, además de Canadá, que había arrebatado a Francia después de una guerra de siete años. Aquellas trece colonias se extendían a lo largo de la costa atlántica, desde New Hampshire a Georgia. Y el rey y el Parlamento las gobernaban desde Londres. Así había sido desde el comienzo de la aventura inglesa en el Nuevo Mundo. Y así lo habían querido hasta ese momento casi todos los colonos.

Sergio estaba intrigado.

–Los colonos de Norteamérica, además de respetar la autoridad del lejano monarca inglés –siguió el barón–, disponían de pequeños parlamentos para resolver sus problemas. Trabajaban mucho y en general prosperaban, soportando, con sacrificio, las carencias de un mundo primitivo y riguroso. La mayoría cultivaba su propia tierra, o practicaba la artesanía o el comercio. Muy pocos eran lo bastante ricos como para poder vivir sin trabajar. Y por supuesto, allí nadie le preguntaba a un extranjero «¿Quién es usted?», sino «¿Qué sabe hacer usted?». A diferencia de Europa, en las colonias inglesas de Norteamérica ser de la nobleza carecía de valor. Aquí se respetaba y honraba al labrador, al carpintero, al herrero, al tornero, al tejedor, al comerciante, al cazador y al explorador que se aventuraba por las tierras salvajes y montañosas del Oeste.

De pronto, el barón se detuvo. Dijo:

–Todo parecía **ir de perlas** entre las colonias y el rey Jorge III. Hasta ese año de 1763. A partir de entonces, las relaciones entre Inglaterra y las gentes de Norteamérica se agriaron. ¿La razón? Ésta: el Parlamento inglés decidió que los colonos debían pagar impuestos a la Corona. Además, ordenó a los colonos que no se adentraran más allá de los montes Apalaches. No debían molestar a los indios.

–¡Indios! –exclamó Sergio.

–Aquellas decisiones –continuó Montesquieu– levantaron muchas protestas en Norteamérica. ¿Quién era aquel Parlamento lejano para prohibir explorar y avanzar hacia el Oeste? Las montañas pedían ser cruzadas, pues una tierra virgen y nueva, con toda la belleza, con todo el peligro y todas las promesas que colorean la imaginación, se extendía ante los ojos del colono. Aquel Oeste, donde la naturaleza era un conjunto de maravillas, era el mundo del futuro.

Sergio pensó en las películas del Oeste que veía su abuelo. También pensó en la historia de Daniel Boone. Una historia que el abuelo les había contado a él y a su hermana Blanca. Daniel Boone, según su abuelo, había sido un explorador de aquel siglo XVIII, el primero de los **pioneros,** el primero en emprender la marcha por las tierras salvajes de América del Norte, hacia el Oeste, en busca del país de Kentucky.

–Los colonos –siguió el barón– tampoco estaban de acuerdo con pagar los impuestos. Dijeron: «¿Por qué tiene el Parlamento inglés, donde no tenemos voz ni voto, derecho a recaudar impuestos y a ordenar lo que debemos hacer?». «¡No! –gritaron los colonos–. ¡No! y ¡No!».

Al pequeño Sergio le entraron ganas de gritar con los colonos: «¡No! ¡Abajo el Parlamento! ¡Abajo Jorge III!».

–Los más sabios de los colonos –dijo el barón– convencieron al resto de que el derecho inglés a la revolución también se podía aplicar contra el Parlamento y el monarca Jorge III. Así,

en 1775, empezó la guerra entre Gran Bretaña y sus colonias de Norteamérica.

Montesquieu buscó una silla para sentarse. Luego, retocándose la peluca, que con la emoción de la historia se le había caído hacia un lado, dijo:

–Para justificar la rebelión ante el mundo entero los colonos decidieron publicar una declaración solemne: la Declaración de Independencia, que fue redactada por Thomas Jefferson.

Montesquieu hizo una pausa. Luego sacó un papel del bolsillo interior del traje y, después de ponerse unos **anteojos,** dijo:

–Esto dice el párrafo inicial de la Declaración de Independencia: «Sostenemos que las siguientes verdades son evidentes... Que todos los hombres son creados iguales... Que Dios les ha dotado de unos derechos que nadie puede ni debe arrebatarles, entre ellos la vida, la libertad y la búsqueda de la felicidad... Que los gobiernos están para asegurar esos derechos... Y que

cuando algún gobierno los destruye, el pueblo tiene el derecho a combatirlo y a crear uno nuevo».

Después de leer el párrafo inicial de la Declaración de Independencia, y mientras se quitaba los anteojos, el barón dijo:

–Los colonos rebeldes consiguieron el apoyo de Francia y España, antiguos enemigos de Gran Bretaña. Resistieron los duros golpes que el ejército británico lanzó contra sus campos y ciudades. Y, finalmente, después de siete años de lucha, largos y sangrientos años, ganaron la guerra. Lograron la independencia.

«¡Ganaron!», dijo para sí Sergio, que no lamentaba la tristeza del rey Jorge III, pues según el barón aquel rey había sido muy terco.

–Después de la victoria, los políticos de las colonias se reunieron en Filadelfia para decidir qué hacer y cómo gobernarse. Fue en el año 1787. Sin contar con un monarca, una corte ni siglos de tradición, los colonos se confiaron a la ley.

–¿A la ley?

–Sí, se confiaron a las leyes que ellos mismos redactaron en cuatro páginas de pergamino, y que llamaron Constitución. Aquello fue el comienzo de los Estados Unidos de Norteamérica, y su nacimiento resonó en Europa y el resto de América como una gran bola de hierro sobre un suelo de mármol.

–¿Por qué?

–Porque, en el siglo XVIII –respondió Montesquieu con emoción–, el mundo sólo conocía reyes de mano firme, orgullosas aristocracias y gobiernos que, o no obedecían ninguna ley, o seguían reglas no escritas, basadas en la tradición. La decisión de los colonos de Norteamérica era sorprendente, pues decía que el gobierno se basaba en el consentimiento del pueblo y que los derechos recogidos en la ley eran su posesión más valiosa. Todo ello, como habrás descubierto, se inspiraba en las ideas de John Locke y en el pensamiento de los sabios de la Ilustración. Fue como si los filósofos se hubieran convertido, por una vez, en reyes.

La Revolución francesa

–La rebelión de los colonos de Norteamérica demostró que hasta uno de los monarcas más poderosos de Europa podía ser vencido si el pueblo le hacía frente para exigir más libertad. Apenas unos años después, entre 1789 y 1799, la Revolución francesa demostró que también era posible derribar un mundo de tradiciones que había durado siglos.

–¡Otra revolución! –dijo Sergio.

–Francia era el país más fuerte y rico de Europa, y su gran maestro. Pero ahora, a finales del siglo XVIII, estaba muy endeudado, pues la corte había derrochado el dinero en fiestas, nuevos palacios y guerras contra Inglaterra. Los campesinos se morían de hambre, las mujeres protestaban a la puerta de las panaderías y, para colmo, Luis XVI vivía en Versalles como si los males de Francia no fueran con él.

La voz de Montesquieu tembló un momento. Después, dijo:

–Por fin, en 1789, Luis XVI se dejó convencer por sus ministros y convocó, en Versalles, una gran Asamblea para que le aconsejara sobre la manera de volver a conseguir dinero. Aquella Asamblea era los Estados Generales, y a ella acudieron representantes de la nobleza, de la Iglesia y de la burguesía.

–¿Qué es la burguesía? –preguntó Sergio.

–Llamo burguesía al grupo de población compuesto por los abogados, los hombres de negocios y los pequeños terratenientes –respondió Montesquieu.

Después de esta explicación, el barón continuó su historia. Dijo:

–Pero a Luis XVI no le agradaron las propuestas y exigencias de los Estados Generales, y quiso ordenar a todos los allí reunidos que volvieran a sus casas... Fue entonces cuando los acontecimientos se precipitaron.

–¿Qué pasó?

–Los representantes de la burguesía se negaron a obedecer al monarca. «Nos hemos reunidos aquí por el poder del pueblo, y ese poder sólo se nos arrebatará por la fuerza de las **bayonetas».** Eso dijeron. Luego llamaron a la reunión de Versalles Asamblea Nacional y pronunciaron el juramento de no marcharse a sus casas hasta dar a Francia una Constitución. «El pueblo –declaró la Asamblea– es el auténtico soberano, y el rey debe estar al servicio del pueblo».

–¿Y qué hizo el rey?

–Luis XVI se enfadó muchísimo al escuchar esto y quiso llamar al ejército para hacer respetar su autoridad. Pero el pueblo de París se enteró de los planes del rey, se puso muy furioso y asaltó la fortaleza de la Bastilla. Todo aquello atemorizó a Luis XVI, que era muy indeciso. También dio confianza a la Asamblea Nacional, que poco después, en agosto de 1789, aprobó una Declaración de los Derechos del Hombre y del Ciudadano, donde se decía:

El barón hizo una pausa. Luego, de memoria, dijo:

–«Los hombres nacen y permanecen libres y con los mismos derechos. Estos derechos son la libertad, la propiedad, la seguridad y la resistencia a la opresión»... Así hablaban los revolucionarios franceses de 1789.

–¡Como los norteamericanos! –dijo Sergio.

–Pero el final de una y otra revolución fueron diferentes –dijo el barón con tristeza–. Aquí, en Francia, la esperanza se tiñó muy pronto de miedo y de caos. **Turbas** furiosas persiguieron y asesinaron a los nobles y a los sospechosos de ser partidarios del monarca. Además, Luis XVI no quiso ser razonable y entró en negociaciones con los reyes de Austria y Prusia para que le ayudaran a luchar contra su propio pueblo. También intentó huir al extranjero junto a su familia, disfrazado, pero un oficial lo reconoció y los soldados lo llevaron de vuelta a la capital. Allí, fue juzgado por un tribunal del pueblo, condenado y... decapitado. Era el año 1793.

Allí estaba la guillotina, una máquina que cortaba cabezas. El rey Luis XVI estaba muy pálido. Cuando cayó el filo diagonal con brusquedad de silbido, decapitando al monarca, Montesquieu dijo:

–Ahora ya no hay rey en Francia. Ahora son los setecientos cincuenta miembros de la Convención los que gobiernan el país: abogados, filósofos, comerciantes ilustrados, sacerdotes apartados de la Iglesia, militares veteranos, aventureros, aprovechados, famosos matemáticos, poetas galantes...

Sergio vio una gran sala en forma de anfiteatro, tan estrecha que los discursos hostiles se pronunciaban frente a frente, aliento con aliento. Debajo del todo se sentaban los tranquilos, los cautelosos, llamados girondinos. Los tempestuosos, los impacientes, los radicales de la Revolución tomaban asiento arriba, en los bancos más altos, cuyas últimas filas de asientos tocaban ya la galería, donde se congregaba el pueblo para oír y contemplar a sus representantes. Eran los jacobinos.

–Para los girondinos –dijo el barón–, la Revolución podía darse por completada ya con la Declaración de los Derechos del Hombre y una Constitución, con la ejecución del rey y la abolición de la nobleza. Pero los jacobinos no estaban de acuerdo: querían empujar más allá la poderosa ola revolucionaria.

Sergio vio ahora subir a la tribuna a un hombre vestido de manera impecable. Tenía el cabello blanco y el rostro muy pálido. Allí hablaba del reino de la igualdad, de la virtud y de la razón. También hablaba de los enemigos de Francia, que eran todos los que querían frenar su idea de la Revolución. «El arma de la República es el terror, la fuerza de la República es la virtud», decía con los ojos electrizados. También repetía: «Una Revolución como la nuestra no es un proceso, sino un estallido de trueno contra los malos».

–Ese que ves hablar ahí, en la tribuna –dijo Montesquieu–, es Maximilien Robespierre, el jefe del grupo más extremista de los jacobinos. Robespierre se apoderó de las riendas de la Revolución en 1793 y dictó sentencias de muerte para todos aquellos que consideraba enemigos de la nación: no sólo a los antiguos partidarios de Luis XVI sino a cualquiera que no compartiera sus opiniones, como los girondinos. Fue el reinado del Terror.

«El Terror», pensó para sí Sergio.

–Durante el mandato de Robespierre y sus amigos jacobinos, la guillotina no dejó de funcionar hasta julio de 1794 –continuó Montesquieu–. Fue entonces cuando los miembros de la Convención dijeron «¡Basta de sangre!» y gritaron «¡Abajo el tirano!», señalando a Robespierre, a quien apresaron y mandaron a la guillotina. La Revolución –concluyó el barón– pasó entonces a manos de políticos más moderados, un gobierno de cinco hombres, un Directorio, encargado de contener su corriente agitada y de administrar el país según los nuevos principios. ¿El primero y más importante?... Todos los franceses son iguales ante la ley.

Napoleón

–La misión más importante del Directorio fue batir a los enemigos extranjeros de la Revolución: Austria, Prusia y Rusia –dijo Montesquieu.

Luego se calló, dando a entender a Sergio que aquellas palabras eran el comienzo de otra historia:

–Fueron, justamente, las guerras de la Francia revolucionaria contra las monarquías de Europa las que depositaron el mando de la Revolución en manos de un joven soldado, Napoleón Bonaparte.

A Sergio le hizo gracia el nombre, pero no quiso interrumpir al barón.

–Napoleón fue un general audaz y brillante que pensaba que nada era imposible. En 1799 se convirtió en jefe de gobierno o primer cónsul de Francia. Apenas cinco años después, en 1804, el papa Pío VII lo coronaba emperador de los franceses. Él era la mejor prueba de que la Revolución había abierto las carreras a todos los talentos. Por otra parte –explicó el barón–, Napoleón se vio siempre a sí mismo como un representante del progreso y de las ideas nuevas, a pesar de que al final se volviera un mandón irritante.

De pronto, el barón exclamó:

–¡Qué historia! La guerra hizo grande a Napoleón, elevándole desde la nada hasta un trono imperial. Después de las batallas de Marengo, en 1800; Austerlitz, en 1805; Jena, en 1806; Eylau y Friedland en 1807; Wagram, en 1809, nadie se atrevió a interrumpir al amo de Europa, vencedor de cinco **coaliciones** sucesivas de las más grandes potencias de la tierra: Inglaterra, Austria, Prusia y Rusia.

«Pues sí que era un gran general Napoleón», pensó Sergio, que entendió muy bien por qué sus soldados lo respetaban tanto y por qué los franceses lo habían nombrado su soberano. ¡Vencía siempre!

Montesquieu dijo:

–Todo lo podía entonces Napoleón, que arrollaba países enteros a marchas forzadas, aplastaba ejércitos y arrojaba de sus puestos con un dedo a reyes como si fueran figurillas de ajedrez, poniendo a otros en su lugar. En 1810, Napoleón dominaba un imperio mucho mayor que el de Carlos V, pues, a excepción de Rusia e Inglaterra, Europa entera se había rendido a sus pies. España incluida, ocupada en 1808 por el emperador y cuya corona había dado a su hermano José.

A Sergio no le sorprendió aquella última referencia. Su abuelo le había contado que España había sido invadida por los franceses en los tiempos del pintor Goya y también que el pueblo español había sido el primero en rebelarse contra el dominio de Napoleón.

–¡Qué historia! –repitió Montesquieu–. Durante largo tiempo, toda oposición resultó inútil contra Napoleón. Lo que,

finalmente, derribó al audaz emperador de los franceses fue su increíble orgullo.

–¿Su orgullo? –repitió Sergio.

–Sí... Su orgullo –respondió el barón. Luego dijo–: Las sucesivas victorias convirtieron a Napoleón en un monarca que se lo atribuía todo y no hablaba más que de él. De la noche a la mañana, se volvió un soñador que ya no pensaba en su país ni en extender los principios de la Revolución de 1789, sino únicamente en Europa, en el mundo, en la gloria, en la leyenda. En 1811, cuando planeó la invasión de Rusia, Napoleón ya sólo contemplaba Francia, todo el país, Europa entera, únicamente como apuesta, como propiedad que le pertenecía a él y sólo a él.

–¿También atacó a Rusia? –preguntó Sergio.

–Rusia –dijo el barón– era el único país del continente europeo en el que no había entrado aún. Además, el zar Alejandro se negaba a cumplir la orden dada por Napoleón de no comerciar con los ingleses, e invitaba a Austria y a Prusia a unirse otra vez contra Francia. ¡Aquello debía castigarse!

–¿Cómo? –preguntó Sergio.

–Derrotando al ejército del zar y conquistando Moscú. Para ello, hizo llegar hombres de todas partes de su imperio y reunió un asombroso ejército de más de medio millón de soldados de infantería y casi doscientos mil de caballería. Nunca se había visto una fuerza militar parecida a aquel ejército de franceses, italianos, belgas, holandeses, polacos, austriacos y alemanes al frente del cual Napoleón entró en tierra rusa.

Sergio vio al ejército de Napoleón cruzar ríos y avanzar y avanzar por Rusia.

–Pero ¿dónde estaba el ejército del zar? –dijo de pronto Montesquieu. Al momento respondió–: Los rusos retrocedían continuamente y no plantaron frente a Napoleón hasta que el emperador de los franceses no llegó a las puertas de Moscú. Napoleón derrotó entonces a una parte de las tropas del zar, pero cuando entró en Moscú, su nueva conquista, halló la ciudad vacía. Sus habitantes se habían ido.

Moscú, la ciudad de las cúpulas doradas, resplandecía a la luz del día con sus iglesias, sus palacios, sus casas de madera tallada pintadas de amarillo, de verde, de rosa.

–Tan pronto como sus soldados le dijeron que ¡Moscú estaba desierta! Napoleón supo con certeza que la ciudad se veía amenazada por algún triste acontecimiento.

Ahora Sergio vio a Napoleón recorrer los lujosos aposentos privados del Kremlin, el palacio de los zares, a pasos largos y enérgicos. Sus ayudantes le seguían sin pronunciar palabra, agotados por el cansancio y el sueño. Hacía días que no disfrutaban de un minuto de reposo.

Por fin, el emperador de los franceses fue a sentarse en un sillón. Allí permaneció, sin despojarse del abrigo ni del negro tricornio que lo distinguían siempre en el fragor de las batallas. De pronto, se hundió en una meditación sin fondo. Entonces llegó un mensajero que se atrevió a interrumpir sus pensamientos: «¡Moscú está en llamas!».

–Sí... Moscú ardía, probablemente incendiada por los rusos para poner en un aprieto a los franceses. Napoleón se encontró entonces entre una capital pasto del fuego y un invierno aterrador que se acercaba. Finalmente, después de pensarlo mucho, decidió abandonar Moscú y regresar a Francia, pero la vuelta a través de las ventiscas y los campos helados de Rusia se convirtió en una trampa mortal para su ejército.

A continuación, Montesquieu se esforzó por describir las penalidades de aquella retirada:

–Bajo un cielo palpitante, a menos de dieciocho grados bajo cero, las tropas de Napoleón avanzaron planicie tras planicie, bosques seguidos de bosques. Los soldados sentían los pies muertos; de sus dedos, amoratados y rígidos, se escapaba el mosquete; sus cabellos se erizaban de escarcha; sus barbas, de su aliento congelado. Hacían por avanzar, sin cruzar miradas ni palabras, espoleados por el frío y el hambre, acosados por el enemigo, los ejércitos del zar y los fieros cosacos, que les seguían a poca distancia. Cuando caían, la nieve cubría sus cuerpos... Fue espantoso. Apenas una vigésima parte de los soldados de Napoleón logró salvarse de aquel agonizante viaje de regreso.

«Debió de ser horrible», pensó para sí Sergio, que ahora tenía ante sí los restos **macabros** de la retirada de Napoleón: armas rotas, tambores desfondados, trozos de uniformes, estandartes desgarrados, cuerpos de caballos abatidos por un obús y cadáveres de soldados congelados.

–Rusia fue el principio del fin de Napoleón –concluyó el barón–. Después de su fracaso en la tierra de los zares, todos sus enemigos se levantaron en armas contra Francia. Desde Inglaterra llegó el general Wellington; desde Rusia avanzaron los cosacos; y Austria y Prusia siguieron el ejemplo de España y se levantaron con un entusiasmo sediento de venganza. Napoleón luchó contra esa nueva gran coalición cerca de Leipzig, en 1813, y en Waterloo, en 1815. Pero en ambas ocasiones fue vencido y el hermano de Luis XVI subió al trono de Francia con el nombre de Luis XVIII... Derrotado, expulsado de Francia, prisionero de los ingleses, el gran emperador de los franceses murió en 1821, en la isla de Santa Helena.

Los libertadores

A Sergio le emocionó la historia de Napoleón. Toda la noche estuvo pensando en el emperador y en su triste fin en el alejado rincón de Santa Helena, según Montesquieu, una isla inhóspita del océano Atlántico.

Al día siguiente le esperaba otra historia increíble. Montesquieu dijo:

–Las imponentes fortificaciones construidas por los españoles en América habían sido levantadas para proteger los territorios conquistados en los siglos XVI y XVII de los ataques enemigos. Pero también para aislarlos de las influencias extranjeras.

Sergio recordó entonces la hazaña de Hernán Cortés y la aventura de los conquistadores. También recordó las ciudades que habían construido los españoles en América Central y América del Sur.

–Sin embargo, a finales del siglo XVIII –continuó el barón–, las murallas ofrecían visibles resquebrajaduras. Las noticias del mundo comenzaron a penetrarlas, especialmente tres acontecimientos que llegaron como un gran oleaje a Cartagena de Indias, Buenos Aires, Veracruz y Lima. Estos tres acontecimientos fueron la independencia de Estados Unidos, la Revolución francesa y la invasión napoleónica de España, que obligó a los hispanoamericanos a elegir entre apoyar a los Borbones de Madrid o luchar por la libertad.

«¡Oh, qué mundo!», pensó Sergio, a quien todos esos cambios y aventuras le parecían muy emocionantes.

–Tanto la Revolución norteamericana como la francesa –explicó el barón– dejaron una huella muy profunda en no pocos hispanoamericanos: hombres de letras o de armas que habían leído a Jefferson y a los filósofos franceses de la Ilustración, y que se preguntaron: «¿Por qué debemos inclinarnos ante el rey de España? ¿Acaso no podemos comerciar por nosotros mismos, pensar por nosotros mismos y gobernarnos por nosotros mismos?». Éstas fueron las preguntas que, a comienzos del siglo XIX, encendieron la mecha de la independencia en la América española.

Montesquieu repitió en voz baja: «... Las preguntas... Sí; las preguntas». Luego dijo:

–Las revoluciones por la independencia en Hispanoamérica fueron repentinas y muy violentas. En 1808, cuando Napoleón puso en el trono de España a José Bonaparte, las posesiones españolas en América se extendían desde California hasta el Cabo de Hornos, desde la desembocadura del Orinoco hasta las orillas del Pacífico. Quince años más tarde, en 1823, de aquel inmenso imperio sólo quedaban Cuba y Puerto Rico. Entre una fecha y otra –puntualizó el barón–, largas y encarnizadas guerras, ejecuciones de rebeldes e innumerables **represalias.**

Cambio tan grande y en tan poco tiempo maravilló a Sergio.

–Todas las revoluciones tienen sus soñadores y sus héroes –dijo Montesquieu haciendo un poco de memoria–. La norteamericana tiene al general George Washington, primer presidente de los Estados Unidos. La francesa, a Napoleón. El más brillante de los revolucionarios suramericanos fue Simón Bolívar. Bolívar era un joven venezolano, nervioso e impaciente, que había leído a los filósofos franceses y que cubrió un campo de batalla tan vasto como la Europa de Napoleón: del Caribe al Pacífico y al Perú.

Montesquieu hizo una pausa. Luego, con voz clara y un poco hinchada, dijo:

–«Si la naturaleza se opone a nuestros planes, lucharemos contra ella y haremos que nos obedezca». Eso dijo una vez Bolívar, y esas palabras se hicieron realidad cuando encabezó la marcha de sus tropas rebeldes sobre las cumbres heladas de

los Andes para liberar Colombia y Venezuela del dominio español.

Sergio vio a los dos mil quinientos soldados de Bolívar arrastrando los cañones y caballos por los bordes helados de los acantilados andinos, entre náuseas, dolores de cabeza, ventiscas... Luego, vio a esos mismos soldados luchar contra el ejército español en dos grandes batallas. Y vencer. Más tarde descubrió a Bolívar, con un claro aire de gloria, entre una multitud entusiasmada que le llamaba ¡Libertador!

–Pero Bolívar no sólo soñaba con la independencia de Hispanoamérica –dijo Montesquieu–. También quería su unidad. Después de las sonadas victorias de Colombia y Venezuela, Bolívar se reunió en 1822 con el general San Martín, el otro gran dirigente de las guerras de Hispanoamérica. El encuentro fue un fracaso. Bolívar quería para él la gloria de tomar el Perú,

último de los fuertes españoles, y se negó incluso a permitir que San Martín sirviera como oficial a sus órdenes.

–¿Y qué ocurrió?

–San Martín no quiso discutir ni rivalizar con Bolívar. Dicen que le dijo: «Yo he cumplido con mi encomienda. La gloria que sigue es suya. Yo me voy a casa». Y así lo hizo, regresando a la Argentina. Bolívar planeó entonces la última batalla contra el ejército español, al que derrotó en Junín y Ayacucho. Fue en 1824.

Montesquieu dijo entonces que aquél fue el final de la presencia española en América, pues apenas tres años antes México también había conquistado su independencia. Luego, para concluir, añadió:

–Lo más triste de esta historia es que las naciones que surgieron de la gran aventura de Simón Bolívar y San Martín se hicieron la guerra entre sí muy pronto. El mismo Bolívar, que había soñado con una Hispanoamérica unida, fue calumniado, acusado de dictador y declarado criminal en Venezuela. Desengañado, murió en 1830, a la edad de cuarenta y siete años, pensando que toda la energía, toda la fe, toda la razón y el esfuerzo que había hecho libre a América se perdería en un caos de guerras sin sentido. Por desgracia, no se equivocó.

El siglo del progreso

El quinto sabio

La historia de Simón Bolívar puso punto final a los cuentos del barón de Montesquieu, que se despidió con una graciosa reverencia.

El quinto sabio tardó dos días y dos noches en visitar a Sergio. Se presentó una tarde de sábado, en mitad de una tormenta. Dijo:

–Mi nombre es Josef Teodor Konrad Korzeniowski...

Aquel sabio era un hombre de pequeña estatura, barba blanquecina, cabellos negros y ojos del mismo color. Llevaba un jersey de cuello de cisne, un pantalón blanco y un abrigo marinero, muy gastado pero cuidadosamente cepillado. Parecía un capitán de barco, un lobo de mar, y, a la vez, por sus **ademanes** aristocráticos, era difícil no compararle con un conde.

Añadió:

–Aunque hoy se me conoce por otro nombre: Joseph Conrad. Nací en Polonia, el año 1857, cuando Polonia era un territorio sometido al imperio ruso. Mis antepasados fueron gente dispuesta a liberar la patria y por eso se alistaron en el ejército de Napoleón cuando el emperador de los franceses avanzó hacia Moscú.

–¡Oh! –exclamó Sergio, que no podía olvidar las desgracias de aquella desastrosa aventura.

–El mismo empeño obsesionó a mi padre, que fue poeta y revolucionario. Luchó y conspiró contra el zar, pero le **prendieron,** juzgaron y condenaron al exilio.

Una sombra cruzó el rostro de Conrad. Tenía la mirada seria, perdida en la lejanía. Hubo un silencio. Por fin, dijo:

–A los doce años me quedé huérfano. A los diecisiete tomé el tren en la estación de Cracovia y no cesé de alejarme hasta llegar a Marsella.

Aquello impresionó mucho a Sergio. Era muy triste y al mismo tiempo muy emocionante.

–¡Ah, el puerto de Marsella! –suspiró Conrad–, allí había suficientes trotamundos y canallas como para llenar de historias un sinfín de páginas, pero yo sólo esperaba un barco en el que vivir aventuras en el mar.

–A mí también me gusta mucho el mar –dijo Sergio–. Nunca me canso de mirarlo. Parece igual, pero siempre es diferente.

Joseph Conrad miró detenidamente a Sergio. Luego sonrió. Recordaba los lejanos días de su infancia: un niño imaginativo que sentía pasión por los mapas, con la mente llena de barcos piratas y cofres del tesoro, sediento de proyectos de exploración y aventuras en países **exóticos.** Dijo:

–Fui un marino y a la vez un aventurero... Después de varias excursiones a la Indias occidentales, me **enrolé** en la marina mercante británica y pasé veinte años navegando los mares de China y Nueva Zelanda. También viajé al corazón de África por el río Congo, y en cada travesía compartí la vida con hombres heroicos y desalmados, tipos valerosos, locos, temerarios... que más tarde convertí en los personajes de mis novelas.

–¿Hay muchas aventuras en esas novelas? –preguntó Sergio con los ojos como platos

–Muchas –respondió Conrad.

Luego sacó una pipa del bolsillo de su abrigo marinero y, después de preparar el tabaco en la cazoleta, dijo:

–También la historia del siglo XIX es una gran aventura. Escucha y verás.

La Revolución Industrial

–¿Recuerdas la Revolución francesa? –preguntó Conrad a Sergio.

–Sí –respondió el niño.

–Bueno, pues a mediados del siglo XVIII y durante el siglo XIX, hubo otra clase de revolución que cambió el mundo con mucha más rapidez, y mayor fortuna, que los triunfos militares de Napoleón... La Revolución Industrial.

Sergio no dijo nada. Parecía confundido. No entendía qué quería decir Conrad al juntar aquellas dos palabras: «Revolución», «industrial».

–El símbolo de la Revolución francesa fue un grito: «Libertad, igualdad, fraternidad» –siguió Conrad–. El símbolo de la Revolución Industrial fue la fábrica, que a los economistas del siglo XVIII les pareció la mayor maravilla de su época.

–Una fábrica... –resopló Sergio–. ¡Qué tontería!

–No para la burguesía, que gracias a la fábrica logró éxitos mucho mayores que las pirámides de Egipto, los acueductos romanos y las catedrales góticas –dijo Conrad.

De pronto, vieron una pequeña fábrica de alfileres del siglo XVIII. Había diez obreros. Uno estiraba el alambre, otro lo enderezaba, un tercero lo cortaba, un cuarto hacía la punta, el quinto limaba el extremo donde iba a ir la cabeza del alfiler. Para hacer la cabeza hacían falta dos operaciones, que realizaban un sexto y un séptimo obrero. Fijar la cabeza sobre el delgadísimo alambre también era un trabajo especial; blanquearla, otro; y por fin... colocar la aguja en el papel.

–Puede ser que este trabajo te parezca absurdo –dijo Conrad–. Por supuesto, es una ocupación fatigosa y muy aburrida. Pero atiende: esos diez obreros, trabajando juntos, podían hacer más de cuarenta y ocho mil alfileres al día. Si hubieran trabajado por separado, cada uno en su casa, seguramente no hubieran podido hacer más de veinte.

–¿De verdad? –dijo Sergio.

–La **consigna** de la fábrica –terminó su explicación Conrad– era agrupar a los obreros en una instalación y dividir el

trabajo entre todos ellos para aumentar la producción. ¡Sin descanso! Esta consigna inició la Revolución Industrial y enriqueció muchísimo a la burguesía de Europa.

Sergio miró con tristeza a los obreros, que no tenían ni un segundo de reposo, sin apenas tiempo para secarse el sudor de la frente.

–El primer país del mundo en llevar a cabo la Revolución Industrial fue Inglaterra –dijo Conrad.

–¿Por qué Inglaterra? –preguntó Sergio.

–Por tres razones –respondió Conrad–. Primera: a mediados del siglo XVIII Inglaterra era una nación muy rica. Segunda: la Revolución francesa y las guerras de Napoleón paralizaron el empuje del resto de los países europeos. Tercera: la mayoría de los inventores de la Revolución Industrial eran británicos.

–¿Y qué inventaron? –preguntó Sergio.

–Las máquinas que cambiaron el mundo, mi buen amigo –respondió Conrad–. Las más importantes de todas ellas fueron la máquina de vapor, creada en 1769 por el inglés Watt, y sus dos grandes aplicaciones al transporte: el tren y el barco de vapor.

–Me encantan los trenes –dijo Sergio, que ahora tenía ante sí la primera locomotora de la historia, obra de Stephenson.

–Antes del siglo XIX –comentó Conrad–, no hubo en la Tierra ningún medio de transporte superior a la carrera de un caballo. Los ejércitos de Napoleón apenas avanzaban más deprisa que las legiones de Julio César. Los navíos del capitán Cook cruzaban el mar sólo un poco más deprisa que los barcos de los atenienses. Los países estaban tan separados unos de otros en la época de la Revolución francesa como en la era de los césares romanos... Todo esto cambió de golpe –subrayó Conrad– cuando la energía de la máquina de vapor se aplicó al transporte.

Sergio escuchaba sin mover una pestaña.

–Tanto el ferrocarril como el barco de vapor aproximaron las ciudades y los países unos a otros. Los viajes que antes duraban

días podían hacerse ahora en uno sólo; los que hasta entonces necesitaban meses, ahora se hacían en unos pocos días. Imagina la sorpresa de los primeros pasajeros de tren. Piensa en el pitido de la locomotora, el humo, la carbonilla... y la ¡velocidad!, pues el tren multiplicó por diez, por veinte, por treinta, la carrera de los caballos. Además, redujo el coste de transportar mercancías, algo que enriqueció mucho a los dueños de las fábricas y a los comerciantes. ¡Ay!... y lo mismo puede decirse de los barcos de vapor...

Los ojos de Conrad brillaron con el recuerdo del mar.

–El barco de vapor –dijo Conrad– podía viajar sin viento e hizo posible, por ejemplo, la construcción del estrecho Canal de Suez, que unió el Mediterráneo con el océano Índico en 1869 y evitó el largo y lento viaje alrededor de África.

De pronto, en medio de las arenas del desierto, apareció una gran lengua de agua. Era el canal de Suez. Un barco lo navegaba con calma, rumbo a la India.

Con la mirada puesta en la columna de humo que aquel barco dejaba tras de sí, Conrad dijo:

–Mucho más asombroso que el ferrocarril y el barco de vapor resultó el telégrafo.

–¿Qué es un telégrafo? –preguntó Sergio.

–El telégrafo –dijo Conrad– era un cable de hierro o cobre, sujeto a una larga fila de altos postes. Ayudado por una batería eléctrica y un lenguaje inventado por el americano Samuel Morse, aquel cable transmitía señales de una estación de tren a otra, de una ciudad a otra, de un país a otro, de un continente a otro.

A Sergio le hizo gracia aquel invento, pero no quiso interrumpir el relato de Conrad.

–El telégrafo permitió que la palabra recién escrita en un lugar pudiera ser leída y entendida en el mismo momento a miles y miles de kilómetros. Nada, ni siquiera la máquina de vapor, había hecho tanto por unir a los países como este delgado cable que atravesaba estepas y montañas, bosques y selvas, y a partir de 1850, el mismo fondo del mar.

Conrad se interrumpió para fumar de la pipa. Después, añadió:

–¡Qué época! Poco después de que el telégrafo llegara a las partes más remotas del mundo, nació el teléfono en Norteamérica. Era como si la imaginación humana no conociera límites.

La semilla de la igualdad

–Sí –dijo Conrad pensativo–. A los políticos y periodistas del siglo XIX les gustaba pensar que ¡no había límites! La mente y la voluntad humanas podían superar cualquier obstáculo. Todos daban la bienvenida a la luz eléctrica o a las baratas estufas de hierro forjado, inventos que se sumaban al tren y al telégrafo para hacer la vida más cómoda. Todos, o casi todos, **exhibían** la idea del progreso con orgullo. ¡Ah!, mi buen amigo, pero el progreso no resulta tan agradable si se observa con atención.

A Sergio se le escapó el sentido de aquellas palabras. Preguntó:

–¿Por qué?

–Las fábricas –respondió Conrad– eran tiranos que exigían la atención de los obreros de la mañana a la noche, incluso cuando estaban a punto de caer dormidos de agotamiento. Además, sus propietarios contrataban a niños para trabajar. Niños que hacían la misma labor que los adultos, que llegaban a las fábricas a la seis de la mañana y se iban a las siete de la tarde.

–¿A niños?

Conrad afirmó con la cabeza. A continuación, habló del crecimiento de las ciudades industriales y de la llegada de campesinos empobrecidos en busca de trabajo en alguna fábrica.

–Las ciudades –dijo– se hicieron enormes, monstruosas, se convirtieron en una gran jungla de caras y cuerpos, un escaparate inmenso del lujo y de la miseria.

Fue entonces cuando Sergio vio la ciudad. Era un lugar envuelto en una triste capa de ceniza. Tenía amplias y bellas avenidas, recorridas por hileras de carruajes y gente burguesa. Tenía iglesias con altas agujas y corpulentas torres, un elegante teatro y un majestuoso palacio de Justicia.

Tenía farolas de gas y ruidosos cafés donde se hablaba y se reía.

También tenía cien chimeneas que no dejaban de echar interminables serpientes de humo, y un canal negro, y un río maloliente de color marrón. Tenía mugrientas casas de ladrillo y estrechas calles, muy parecidas entre sí, habitadas por personas que salían y entraban a las mismas horas para hacer el mismo trabajo. ¡Los barrios obreros! Parecía increíble que la gente pudiese vivir y pudiera encontrar sitio para moverse y aire para respirar en ese rincón de la ciudad. Esta idea se le ocurrió a Sergio, y la puso en palabras:

–¡Qué triste parece!

–Ésta es la otra cara de la Revolución Industrial –contestó Conrad señalando aquel lugar **malsano,** paraje de **cochambre** y desolación donde vivían los obreros, los marginados y los maleantes–. Es la historia de muchas ciudades industriales del siglo XIX. Mira esas calles: están llenas de humo y muy sucias. Observa los rostros de esa gente. No tienen alegría. Son rostros agotados. Sin esperanza. ¿A quién puede sorprender que, a mediados del siglo XIX, aparecieran algunos revolucionarios para decir que las cosas no podían seguir así?

–¿Quiénes? –preguntó Sergio.

–Los anarquistas y los socialistas –dijo Conrad.

Luego añadió:

–Unos y otros denunciaron el trato injusto que recibían los trabajadores en las fábricas. Hablaban del gran abismo que había entre los pobres y los ricos. Repetían que las fábricas y las propiedades debían pertenecer a los obreros. Insistían en la igualdad y defendían la Revolución social.

A continuación, Conrad habló a Sergio de los anarquistas. Bakunin, un ruso de estatura colosal, era su principal guía y su sueño era destruir el Estado y barrer a los ricos del mundo. Para ello, había que organizar una **conspiración** que contara con hombres dispuestos a sacrificarse y apoderarse de las propiedades y de las fábricas. Bakunin pensaba que había que hacer revoluciones sin descanso, una, dos y hasta diez o veinte veces. Hasta lograr la victoria.

Los socialistas, explicó Conrad después, eran menos **impacientes.** Decían que antes de lanzarse a la lucha, había que convencer a los obreros de que debían juntarse todos. Hecho esto, nada podría detener la Revolución.

–Hacia 1840 los socialistas ya abundaban en Francia e Inglaterra –dijo Conrad–. Uno de ellos era el joven alemán Karl Marx, que quería hacer que el mundo entero cambiase de arriba abajo. Marx fue un buen historiador, un filósofo y a la vez un profeta que sacaba lecciones del pasado y se animaba a **predecir** el futuro.

–¿Qué futuro? –preguntó Sergio.

–El final del **capitalismo;** es decir, la Revolución comunista, el triunfo de los obreros sobre los ricos, la victoria final de los trabajadores del mundo y el nacimiento de una sociedad donde ya no existirían poseedores y poseídos, opresores y oprimidos –dijo Conrad–. Ese futuro. Marx pensaba que la gran Revolución comunista llegaría pronto. Nunca se cansó de repetirlo. Y consiguió que le creyeran. Logró convencer a muchos de que Europa entera dormía sobre un volcán, de que la tierra temblaba de nuevo y la tempestad revolucionaria ya podía verse en el horizonte.

–¿Y qué pasó? –preguntó Sergio.

–Lo cierto es que el poder de las ideas de Marx fue enorme –dijo Conrad sacudiendo la pipa contra el hueco de la mano.

De pronto, interrumpió su reflexión. El cansancio pareció invadir su mirada. Sólo después de un largo silencio, volvió a hablar:

–Muchas han sido las revoluciones comunistas. La primera en 1917, más de treinta años después de la muerte de Marx. Pero ninguna de ellas dio paso a un mundo sin opresores ni oprimidos.

Nacen más naciones

La oscuridad se había adueñado del día cuando Conrad volvió a visitar a Sergio para contarle una de sus historias. Dijo:

–¿Qué hay de nuevo, mi buen amigo?

A continuación, con una voz lejana que sorprendió al niño, volvió a hablar de Marx y de los socialistas.

–Los socialistas –dijo Conrad– vieron con claridad que, muy pronto, la lucha política sería entre los que poseen y los que no poseen. Sus opiniones fueron muy conocidas a partir de 1848, cuando se publicó en Londres el *Manifiesto Comunista,* obra de Marx y su amigo Engels. Ahí se decía: «Los trabajadores no tienen nada que perder más que sus cadenas. Proletarios de todos los países, ¡uníos!».

Conrad, pensativo, repitió:

–Sí, eso decía... Sin embargo, cuando Marx y Engels publicaron su gran llamamiento, las principales luchas de Europa seguían otro camino

–¿Qué camino? –preguntó Sergio.

–El camino de la libertad política –respondió Conrad–, el mismo camino que Napoleón había traicionado al proclamarse emperador y que los príncipes de Europa habían querido cerrar para siempre después del Congreso de Viena, como si nunca hubiera habido una Revolución .

–¿Qué es el Congreso de Viena? –preguntó Sergio.

Conrad sonrió e hizo un gesto con la mano. Dijo:

–¿Recuerdas el fin de Napoleón?

Sergio afirmó con la cabeza.

–Bien... –siguió Conrad–, después de que el emperador de los franceses fuera aplastado en la batalla de Waterloo, los diplomáticos de Inglaterra, de Prusia, de Austria y de Rusia se reunieron con los enviados de Luis XVIII de Francia en Viena para acordar las reglas de una gran paz europea. La palabra **clave** de aquel Congreso fue «Restauración», y su creador, Metternich, ministro de Asuntos Exteriores del emperador de Austria.

Conrad sacó su pipa y echó tabaco en la cazoleta para encenderla. Luego, mientras se llevaba la pipa a la boca, dijo:

–Metternich era un aristócrata inteligente y serio que deseaba, con todas sus fuerzas, que en Europa todo volviera a ser como antes de la Revolución.

Sergio estaba intrigado. Y como se sentía un poco triste al recordar a los soldados de Napoleón congelados en la nieve, preguntó:

–¿Y fue así? ¿Todo volvió a ser como antes de la Revolución?

–Durante un tiempo... sí –respondió Conrad–. A excepción de Inglaterra, los monarcas absolutistas volvieron a reinar sobre Europa; la aristocracia y la Iglesia recuperaron parte de su influencia perdida; se prohibió hablar de libertades y derechos; y la desobediencia fue castigada de manera **fulminante.**

–Entonces... ¿la Revolución no sirvió para nada? –preguntó Sergio.

–Ése era el sueño de los diplomáticos del Congreso de Viena –respondió Conrad–. Pero, verás, mi buen amigo, el orden de la Restauración era falso. Bajo la superficie, las ideas de la Revolución estaban vivas en muchos corazones. El mismo Metternich sospechaba que no había **vuelta atrás** y en su diario escribió estas palabras...

–¿Qué? ¿Qué escribió?

Conrad había cerrado los ojos. Intentaba recordar las palabras exactas. Dijo:

–«Mi pensamiento más secreto es que la vieja Europa está al principio del fin». Eso escribió Metternich hacia 1819. Apenas once años después, estalló una Revolución... La Revolución de 1830, que se inició en París y se extendió a Europa entera.

De pronto, apareció Viena. Una carroza tirada por cuatro caballos bañados en sudor se detuvo al pie de la amplia escalera principal del palacio de los Habsburgo. Del carruaje bajó Metternich. En su rostro se advertían aún las señales de preocupación por los sucesos revolucionarios.

–La Revolución –dijo Conrad mientras contemplaba la escena– fue sofocada en Alemania e Italia gracias al ejército austríaco; y en Polonia, gracias a las tropas del zar. Sin embargo, triunfó en Bélgica, que se separó de Holanda, y por supuesto, en Francia, donde la gran burguesía de banqueros, industriales y funcionarios acabó con el absolutismo, desplazó a la nobleza en la corte y se instaló en el poder.

Metternich cruzó la puerta de aquel hermoso palacio, construido en el siglo XVIII a imitación de Versalles.

–Metternich comprobó entonces que sus peores temores eran ciertos –explicó Conrad mientras la mirada de Sergio seguía los pasos enérgicos del diplomático a través de amplios salones y largos pasillos–. La Revolución volvía a empezar siempre. Podía descansar, dormitar, pero terminar... nunca.

Conrad se interrumpió. Fumó despacio. Y después, dijo:

–En 1848 se produjo en París otra Revolución. Y al igual que en 1830, la pasión revolucionaria se extendió por la mayor parte de Europa con una rapidez nunca imaginada. La República se proclamó en Francia el 24 de febrero. El 11 de marzo la Revolución estalló en Berlín; el 13 de marzo llegó a Viena y casi inmediatamente a Budapest; el 18 de marzo a Milán y por tanto a Italia... Fue a la vez la Revolución más extendida y la de menos éxito, pues a los seis meses de su comienzo ya se sabía con seguridad su fracaso.

Decididamente, pensó Sergio, aquellos revolucionarios eran muy raros. Perdían siempre, pero siempre volvían a luchar.

–Eso sí –dijo Conrad–, las **insurrecciones** de 1848 acabaron con el orden fijado en el Congreso de Viena y provocaron la caída de Metternich, que fue expulsado del gobierno de Austria. Además, parte de las esperanzas y aspiraciones revolucionarias siguieron muy vivas, muy firmes ...hasta que fueron satisfechas en la segunda mitad del siglo XIX.

–¿Qué aspiraciones? –preguntó Sergio.

–Verás –dijo Conrad–, aparte de una protesta social, la revolución de 1848 también fue una afirmación violenta del patriotismo que recorría parte de Europa. Alemanes, italianos, húngaros, polacos o rumanos reclamaron su derecho a formar un Estado, a vivir unidos y a decidir su futuro, al margen de los imperios de Austria, Rusia y Turquía, o de las ambiciones de Francia. Como señaló Mazzini, un revolucionario italiano, la guerra de los príncipes había terminado, y ahora llegaba el momento de que empezara la guerra de los pueblos.

Conrad repitió en voz baja, como un sonámbulo, las últimas palabras de la última frase: «... La guerra de los pueblos». Luego, mientras se llevaba otra vez la pipa a la boca, dijo:

–Mazzini sabía lo que decía. En la segunda mitad del siglo XIX, a la vez que se extendían las líneas de ferrocarril y se instalaban los tendidos telegráficos, el mapa europeo cambió de arriba abajo. Aparte de Grecia y Serbia, Rumanía y Bulgaria se separaron del debilitado imperio turco. Polonia –suspiró Conrad– fracasó otra vez en su intento de conseguir la independencia de Rusia. Pero Italia y Alemania vencieron la negativa de Austria y Francia y se unieron bajo el reino de Saboya, la primera, y el de Prusia, la segunda. ¡Ah!, mi buen amigo, los tiempos cambiaban a gran velocidad.

Después de dar una nueva calada a la pipa, Conrad habló entonces del miedo que inspiró a Francia e Inglaterra el nacimiento de una Alemania unida. Dijo que este país era un gran coloso, con una poderosa industria y un ejército imponente.

–Los alemanes –explicó Conrad– alcanzaron su meta después de expulsar de su país a los austríacos en 1866 y aplastar al ejército francés en 1871. La participación en estas dos victorias del astuto y duro **canciller** prusiano, Bismarck, fue muy importante. Bismarck era un aristócrata del norte de Alemania que nunca perdía de vista sus objetivos y que exponía sus ideas con firmeza. Fue él quien ideó el plan para convertir un puzle de pequeños reinos en una gran nación unida, y a él se debió la transformación de Alemania en la mayor potencia de Europa. Su **lema** se resume en estas palabras, pronunciadas por él, en el año 1862, en el Parlamento de Prusia...

Conrad hizo una pausa. Luego, recordó las palabras de Bismarck:

–«Las grandes cuestiones de la época no las deciden ni los discursos ni los acuerdos por mayoría... Las deciden el hierro y la sangre». Eso pensaba Bismarck. Y la historia le dio la razón. Por desgracia –concluyó Conrad–, se la ha dado muchas veces...

El imperialismo

–Sí... –dijo Conrad–. Bismarck tenía mucha razón. Aquel siglo no puede entenderse sin el hierro y la sangre que utilizaron las naciones más poderosas de la tierra para dominar a los débiles.

Conrad calló. Después, añadió:

–De verdad que no.

Sergio comprendió entonces que, antes de que acabara el día, le aguardaba otra de las historias del veterano aventurero.

–No quiero aburrirte otra vez con el avance que, para la humanidad, supusieron el ferrocarril y el barco de vapor –dijo Conrad de pronto–. Sin embargo, debes comprender que el mundo se hizo más pequeño gracias a esos dos inventos maravillosos. Nuevas rutas marítimas y terrestres unieron los continentes con una velocidad y seguridad nunca vistas. Ahora, como se dio cuenta **Julio Verne,** era posible dar la vuelta al mundo en tan sólo ¡ochenta días! Algo impensable en tiempos de Napoleón.

Después de meditar unos instantes en silencio, Conrad añadió:

–Sí... las distancias se reducían. Pero el mundo seguía dividido. Además del nacimiento de nuevos países, las poderosas naciones de Europa se repartieron buena parte del planeta y se lanzaron a ocupar más y más territorios. Así, al concluir el siglo del progreso, la Tierra se hallaba dividida en imperios controlados por Europa, donde se decidían todos los asuntos.

–Entiendo –dijo Sergio en voz muy baja.

Pero Sergio comprendía a medias. No sabía, por ejemplo, que para los europeos del siglo XIX el mundo era algo muy simplón, ya que pensaban que toda la humanidad debía servirles sin rechistar.

Tampoco sabía que los políticos y periodistas del Viejo Continente creían seriamente que el mundo entero esperaba su ayuda. El vapor y la electricidad hacían desaparecer las distancias, y cualquier lugar de la Tierra podía convertirse en escenario de las acciones y éxitos europeos. Todo esto le explicó Conrad a Sergio, sin prisa. Luego, dijo:

–Al construir sus nuevos imperios, los europeos del siglo XIX tenían un único objetivo: conseguir mercados donde vender las mercancías de sus fábricas y obtener cosas que no tenían en su propio país.

–¿Qué cosas? –preguntó Sergio.

–Algodón, caucho, marfil y muchas, muchas cosas más. Tabaco, café, arroz...

–¿Y para qué servían esas cosas?

–Para fabricar telas, ruedas de bicicleta, teclas de piano... Y para ser más y más ricos.

–¿Y por eso construyeron esos imperios? ¿Por eso los europeos se hicieron dueños de tantas tierras? –preguntó Sergio–. ¿Querían ser más ricos?

–El deseo de riqueza es insaciable. Repentinamente aparece siempre el deseo de tener más –respondió Conrad–. Además, los gobiernos europeos no reconocían que construían sus imperios sólo para enriquecerse.

–¿No?

–Mira –explicó Conrad a Sergio–, la conquista de la tierra, por lo general, consiste en quitársela a quienes tienen una piel de color distinto o narices ligeramente más chatas que las nuestras. Resulta bastante desagradable. Lo único que puede disculpar esa conquista, al menos eso pensaban entonces los europeos, es una idea.

–¿Qué idea? –preguntó Sergio.

–Los europeos se veían a sí mismos como instrumentos de Dios ayudando a los pueblos inferiores de Asia, África y el Pacífico –dijo Conrad –. Eso repetían sus gobernantes, que insistían en que se apoderaban de más y más tierras para llevar a los pobres y atrasados del mundo la luz de la civilización y del progreso. Es decir: puentes, carreteras, ferrocarriles, puertos, ciudades, escuelas, hospitales... Todas estas cosas, por ejemplo, construyeron los británicos en la inmensa y atrasada India del siglo XIX, y con esta excusa la gobernaron con mano firme durante años y años, hasta 1947.

De pronto, vieron un río sobre el que se levantaba un puente a medio construir, de unos tres kilómetros. Una vía férrea pasaba por encima. Los trabajadores se contaban por cientos. Mulas cargadas con sacos de tierra ascendían penosamente por los **terraplenes.** Locomotoras de carga **trepidaban** en su ir y venir, y echaban, con enorme estrépito, miles de toneladas de material para la obra y también para contener las crecidas del río.

Sin apartar la mirada de aquel puente, Conrad dijo:

–Si una nación quiso conquistar realmente el poder mundial, ésa fue Gran Bretaña. En realidad, hizo algo más que querer. Lo consiguió. La reina Victoria, que murió en 1901, gobernó un imperio que incluso superaba en extensión el de los romanos. Además de la India, los funcionarios y soldados británicos controlaban Canadá, Australia, partes de China, Gibraltar y trozos de África, donde ejercían una influencia muy fuerte, sobre todo en Egipto. Todo ello hizo de Londres el centro banquero y comercial más importante del mundo.

Y por fin, apareció Londres. La bruma, que envolvía la ciudad más grande y poderosa del mundo, se extendía por las orillas del río Támesis deslizándose hacia el mar, donde se desvanecía suavemente.

–El británico era el imperio más poderoso, pero no el único –dijo Conrad–. Todas las naciones europeas quisieron construir sus propios imperios. Así, los franceses se apoderaron de Indochina y varias zonas de África. Los belgas se hicieron dueños de un territorio enorme de África, alrededor del río Congo. Los portugueses, muy debilitados, aún retenían Angola y Mozambique,

en la costa de África. Los holandeses conservaban sus territorios de las Indias Orientales. Los rusos no tenían colonias **ultramarinas,** pero eran dueños de un inmenso imperio que se extendía por el Asia Central.

Sergio se dio cuenta de la tristeza que cubría el rostro de Conrad cada vez que mencionaba el país de los zares. Era como si una pena muy honda acompañara aquel nombre: Rusia. Pero no dijo nada. Quería escuchar el final de la historia.

–Los italianos y los alemanes fueron los últimos en apuntarse al reparto del mundo –decía ahora Conrad–. Tras mucha insistencia, los italianos obtuvieron Libia, en el norte de África. Los alemanes eran mucho más poderosos: en realidad, después de unirse en un solo Estado, tenían más potencia industrial y militar que Inglaterra. Conocedor del miedo que inspiraba, Bismarck quiso para su país grandes posesiones. Pero como había llegado tarde a la mesa de los imperios, tuvo que conformarse con varias islas del océano Pacífico y pequeñas partes de África.

Conrad se interrumpió. Fumó con calma. Después de un silencio, dijo:

–¡Ah! mi buen amigo... Todos, principalmente alemanes, franceses y rusos, querían **forcejear** con Gran Bretaña por ser los más ricos y controlar más territorios. La consigna era: ¡Ocupar! Ocupar más que el amigo y más que el enemigo. Todos querían agrandar sus respectivos imperios. Y, entre 1889 y 1914, este afán provocó una serie de guerras en diversos lugares de África y Asia. O devoras, decían entonces algunos políticos, o te devoran.

–Como los animales de la selva –dijo Sergio.

–Ante ese **dilema** –siguió Conrad–, otras naciones se apuntaron a la carrera de construir imperios.

–¿Sí?

–Lo hizo Estados Unidos, que entró a **regañadientes** en esta feroz competición comprando Alaska a los rusos y expulsando a España de Cuba y las Filipinas.

Eso dijo Conrad. Luego, para terminar, añadió:

–Y Japón. ¡Oh! sí... Japón se modernizó en un tiempo récord, entre 1853 y 1890. Y, a finales del siglo XIX, cuando ya tenía ferrocarril, telégrafo, barcos de vapor y fábricas, empezó a actuar en el Extremo Oriente como las grandes naciones europeas.

La aventura africana

Sin duda, Conrad disfrutaba contando estas historias a Sergio. Dijo:

–Al concluir el siglo XIX, el mundo no tenía secretos. Toda la Tierra había sido explorada. Por fin, la expresión «tierra desconocida» que aparecía en los viejos mapas había sido borrada gracias a las manos expertas de los geógrafos.

Aquél era el comienzo de otra historia. Conrad hizo una pausa. Sólo después de encender su pipa otra vez, volvió a hablar con voz temblorosa:

–Eso era así en 1900. Pero a mediados del siglo XIX, cuando yo era un muchacho como tú, la Tierra tenía aún muchos espacios en blanco. África era el más grande, el más vacío por así decirlo, de aquellos espacios. Aquel gigantesco continente era un enorme misterio para los europeos, que conocían el norte, pero sabían muy poco de las tierras al sur del Sáhara. El calor del desierto y las fiebres de la selva tropical guardaban, bajo su amenaza, ese último secreto a la mirada europea.

Conrad y Sergio vieron ahora el Sáhara, un mar de arena en el que se metía la gente y a veces perdía la vida mientras iba de un oasis lejano a otro más lejano aún.

–Al final, la curiosidad y la **avidez** pudieron más que el miedo a lo desconocido –comentó Conrad–. ¡Y, por supuesto, el espíritu aventurero!..., pues África recordaba a los audaces que aún quedaban muchos miles de kilómetros de tierra misteriosa ante Europa y que allí, en África, podían vivir grandes aventuras. Piensa en los animales feroces y las tribus **hostiles.** Imagina las tempestades de arena y el abrazo mortal de las selvas impenetrables. Imagina las montañas de nieves perpetuas en pleno desierto y los caudalosos ríos salpicados de cascadas, rápidos y cataratas.

Sergio movió la cabeza para sugerir a Conrad que sí, que se imaginaba todo eso.

–La gran aventura africana comenzó a mediados del siglo XIX, cuando los grandes exploradores se adentraron en el interior del continente negro y fueron llenando su mapa de ríos, lagos, nombres.

–¡Qué aventura!

–Uno de ellos fue David Livingstone, un médico y misionero escocés que se movió por África durante treinta largos años, predicando la palabra de Jesús, curando enfermedades, comerciando y dibujando mapas de lagos y ríos. Livingstone escribió varios libros sobre África y no quiso regresar jamás a Inglaterra. Murió en una choza, a orillas del lago Bengwelu.

Conrad dio una chupada a la pipa y balanceó suavemente la cabeza. Dijo:

–África, mi buen amigo, tenía todo lo que podían desear los aventureros, los misioneros, los comerciantes, los generales hambrientos de condecoraciones y los políticos soñadores de imperios. Todo. Antes de la muerte del doctor Livingstone, en 1873, el sueño europeo ya se había volcado sobre el continente negro. Menos de veinte años después, Gran Bretaña, Francia, Bélgica, España, Portugal, Italia y Alemania se lo habían repartido a bocados.

A Sergio no le sorprendió aquello. Era la historia del imperialismo, que ya le había explicado Conrad.

Pero de pronto, Conrad dio un giro a su historia. Dijo:

–Debo confesar, mi buen amigo, que yo también quedé hechizado por África.

–¿Sí?

–Fue en 1890 –siguió Conrad–. Acababa yo de volver a Londres, después de múltiples viajes por los mares del Sur. Seis años o algo así. Y había comenzado a **holgazanear.** Pero después de cierto tiempo, me cansé de tanto descanso y empecé a buscar un barco. Entonces recordé que había sido creada una empresa, una compañía para el comercio en el río Congo. Pensé que, en aquella inmensidad de agua fresca, no podían comerciar sin usar alguna clase de transporte.

–¡Barcos de vapor! –exclamó Sergio.

–Eso es, mi buen amigo. Barcos de vapor. ¿Por qué no intentaba yo hacerme capitán de uno?

–¡Claro! ¿Por qué no? –repitió Sergio con un brillo de emoción en la mirada.

–Al fin –dijo Conrad– conseguí ser contratado por la compañía que explotaba las riquezas del Congo, como capitán de un vapor. Mi primera misión consistió en viajar río arriba para recoger en una lejana estación a un agente de la compañía gravemente enfermo.

Antes de continuar el relato de su viaje, Conrad creyó necesario que Sergio supiera cómo se había creado aquella compañía:

–En 1881 –dijo con la pipa entre los dientes–, a sueldo de Leopoldo II de Bélgica, el famoso explorador Henry Stanley recorrió las inmensas regiones de la cuenca del río Congo y dijo a los

jefes de las tribus locales que ahora debían obedecer al lejano rey de los belgas. Tres años después, se celebró la Conferencia de Berlín, que repartió África entre las naciones europeas. A Leopoldo II le tocó la propiedad de los territorios que Stanley había explorado a su servicio. ¡Una porción de tierra ocho veces más grande que Bélgica! Y el soberano la convirtió en una especie de inmensa finca privada. Formó una policía y creó una compañía de explotación del caucho, del cacao, de la madera y el marfil.

Allí estaba el río, como una inmensa serpiente enroscada con la cabeza en el Atlántico, ancho, poderoso, mortífero... en una palabra, fascinante. **Remontarlo,** aseguró Conrad a Sergio, era como volver a los inicios del mundo, cuando la vegetación estalló sobre la **faz** de la Tierra y los árboles parecían reyes. A ambas orillas del río, se extendía una enorme selva misteriosa y reinaba un gran silencio.

Conrad dijo:

–Leopoldo y sus agentes comerciales afirmaban que el Congo era un lugar feliz. Además de hacer buenos negocios, decían, su objetivo, allí, en el Congo, era civilizar a los nativos.

–Igual que los ingleses en la India.

–Sí –contestó Conrad–, pero con más... mucha más brutalidad.

Conrad se quedó en silencio. Después de un rato, reunió todas sus fuerzas y habló lentamente:

–Aunque enfermé de malaria y disentería, esos males no me impidieron ver lo que sucedía a orillas del inmenso río. Aquello era espantoso. ¡El horror!..., mi buen amigo, pues los agentes del rey Leopoldo obligaban a los nativos a trabajar para la compañía y les imponían castigos que no puedes ni imaginar. La mayoría de los nativos trabajaban encadenados y los policías estaban autorizados a cortar las manos de los que no rendían lo suficiente. E incluso a matarlos.

–¡Malvados! –dijo Sergio, que ahora vio cómo el capataz de una aldea clavaba la cabeza cortada de un nativo en una **estaca** y se la enseñaba a sus compañeros para asustarles y hacerles trabajar duramente.

–Horrorizado –dijo Conrad–, regresé a Londres nada más concluir el viaje. Años después, en 1908, la barbarie cometida por los agentes de Leopoldo II en el Congo salió a la luz en los periódicos y provocó un escándalo internacional que obligó al monarca a ceder los territorios al gobierno belga.

Conrad calló. Allí, delante de ambos, seguía el río Congo. Parecía conducir directamente al corazón de las tinieblas.

¡Abajo la esclavitud!

Al día siguiente, Conrad habló de la prohibición del comercio de esclavos. Algo de lo que, según el veterano aventurero, podía enorgullecerse el siglo XIX, en especial, algunos personajes del siglo XIX.

–¿Recuerdas la Declaración de los Derechos Humanos? ¿Aquello que decían los revolucionarios franceses y que antes ya habían proclamado los norteamericanos? –preguntó Conrad mientras tomaba asiento junto a la ventana.

Sergio se quedó un rato pensando. Luego, con ciertas dudas, dijo en voz baja:

–¿Que todos son iguales...?

–Eso es, mi buen amigo –siguió Conrad–. Los hombres nacen y permanecen libres, son creados iguales y todos tienen los mismos derechos.

–Ahora me acuerdo. Sí.

–Bueno, pues en realidad, eso no era así entonces. En ese «Todos», los hombres de finales del siglo XVIII no contaban a las mujeres, ni a los esclavos. Las mujeres aún tendrían que pelear muy duro y protestar mucho para conseguir la igualdad de derechos. Los esclavos tardarían un poco menos en conseguir la libertad.

Conrad se **regocijó** con el nuevo interés que había despertado en Sergio. Dijo:

–La historia de la esclavitud es una de las más tristes y largas de toda la Historia. Una historia muy antigua, llena de crueldades y llantos. Un esclavo, por ejemplo, era algo normal en el Egipto de los faraones, la Roma de los césares o la Grecia de Aristóteles. Durante la Edad Media, y antes incluso, las caravanas árabes cruzaban el Sáhara de un lado a otro para comprar esclavos a los jefes guerreros del continente negro, esclavos que luego vendían a lo largo y ancho del Mediterráneo. Los portugueses fueron los pioneros en el comercio de esclavos de África con América, en el siglo XVI, y los británicos, los españoles, los franceses y los holandeses pronto se unieron al cruel negocio.

–¿Por qué? –preguntó Sergio con inocencia.

–El comercio de esclavos daba muchas ganancias –respondió Conrad–. Más de un aventurero se hizo rico gracias a que en Estados Unidos, en Brasil o en Cuba, los dueños de las plantaciones de algodón, azúcar y tabaco querían vivir como ricos señores dentro de sus casas de amplios patios.

Conrad encendió la pipa. Luego, mientras sacudía la cerilla en el aire, apagando su débil llama, dijo:

–En el siglo XVIII fueron arrancados de África y transportados a través del Atlántico unos cien mil esclavos por año. La mayoría, vendidos a capitanes y comerciantes europeos por mercaderes y jefes africanos.

–¡Cien mil! –exclamó Sergio, que ni siquiera podía imaginar las terribles condiciones en que los africanos capturados eran arrastrados hasta América, ¡el Nuevo Mundo!

Pero Conrad se lo dijo: amontonados como **fardos** en las bodegas de los barcos, hombres y mujeres, los unos sobre los otros, en todas las situaciones de dolor, abandono y desesperación que es posible imaginar. Muchos morían... eso estaba claro. Entonces los traficantes de esclavos arrojaban sus cadáveres por la **borda.** El mar era su tumba.

–Al final, la vergüenza del esclavismo se hizo insoportable –dijo Conrad–. Los primeros en decir ¡Basta! y en poner todos

los medios para acabar con esa barbarie fueron los ingleses, liderados por un brillante político conservador, William Wilberforce.

A Sergio le hizo gracia aquel nombre tan difícil de pronunciar. Preguntó:

–¿Cuándo fue eso?

–Bueno... –recordó Conrad–. Wilberforce dedicó todo su tiempo y todas sus fuerzas a luchar contra la esclavitud entre 1788 y 1807, fecha en que el Parlamento prohibió aquel cruel negocio en los territorios del imperio británico.

–¡Casi veinte años! –se sorprendió Sergio.

–Además, el triunfo de Wilberforce en Gran Bretaña –añadió Conrad para concluir– señaló también el principio del fin del comercio de esclavos en otros países. Estados Unidos, por ejemplo, prohibió la esclavitud en 1865, después de una guerra civil entre el norte, industrial, y el sur, esclavista. En 1886 le llegó el turno a Cuba, que pertenecía a España. Y dos años más tarde a Brasil. A la larga, mi buen amigo, el triunfo de Wilberforce en Inglaterra supuso el final de la esclavitud en el mundo.

Conrad respiró hondo y permaneció **taciturno** el resto de la tarde. Aquélla fue la última de sus historias.

El siglo del miedo

El último sabio

A Sergio le habría gustado quedarse en compañía de Conrad y escuchar más historias, alguna de sus novelas, por ejemplo. Pero el veterano aventurero debía marcharse. Y así fue.

El sexto y último sabio se presentó en casa del niño cinco días después. Eran las doce pasadas de la medianoche cuando se abrió la puerta de la habitación y apareció en el umbral un hombre de más de cincuenta años, alto, apuesto, con el pelo corto y un gracioso bigote bajo la nariz. Llevaba un elegante traje oscuro.

–Buenas noches –dijo en voz baja.

Sergio aún estaba despierto. Leía un libro de aventuras que le había regalado Conrad. Saludó muy serio y se levantó de la cama. Luego, observando con atención al visitante, preguntó:

–¿Eres el sabio del siglo XX?

–Así es –respondió sonriendo–. Me llamo Stefan Zweig.

–¿De dónde eres? –preguntó el niño, intrigado por su extraño acento.

–Responder a esa pregunta no resulta fácil –dijo el señor Zweig.

Después, añadió:

–Nací en un imperio grande y poderoso, pero no te molestes en buscarlo en el mapa: Austria-Hungría fue borrada de los mapas sin dejar rastro. Mi patria –aclaró entonces– dejó de existir en 1918. Mi patria era Viena, cuando Viena era como una gran familia donde cabían los austríacos, los húngaros, los moravos, los checos, parte de los polacos... Mi patria era Europa, cuando Europa aún no se había precipitado en el abismo de las dos guerras más terribles de la historia. Todo eso se rompió ante mis propios ojos. De manera que soy un hombre de ninguna parte.

Eso dijo Zweig. Y Sergio le prestó la máxima atención, porque en su voz resonaba una tristeza como la que suena en la voz de los niños huérfanos cuando hablan de sus padres perdidos.

–Nací en 1881, y si supieras las cosas que he visto –continuó Zweig–... Yo mismo no puedo dejar de maravillarme si comparo mi vida con la de mis padres o abuelos. Ellos vivieron en el mismo país, en la misma ciudad; incluso, casi siempre, en la misma casa. Ellos vivieron antes de 1914, confiados en el progreso, convencidos de ir por el camino recto hacia el mejor de los mundos. Yo, en cambio, he sido testigo de tantos horrores, de tantos cambios. He visto la revolución y la guerra, el hambre y el terror, las epidemias y la emigración, los campos de concentración y los bombardeos de ciudades indefensas. He sido admirado y **marginado,** libre y privado de libertad, rico y pobre.

Zweig se acercó a la ventana y miró afuera. Nevaba. La calle estaba blanca y rebosaba de alegría, atravesada por carruajes y gente bien abrigada. Zweig se quedó de pie al lado de la ventana, sin moverse. Sus ojos reconocieron la ciudad. ¡Viena! Miró a Sergio. Dijo:

–A veces tengo la impresión de que no he vivido una sola vida sino varias, muchas. Y todas ellas del todo diferentes. A veces me sucede lo siguiente: cuando pronuncio «mi vida», maquinalmente me pregunto: ¿cuál de ellas?... ¿La de antes de la guerra?... ¿De la primera guerra o de la segunda? ¿La vida de escritor enormemente popular o la que vino después de haberlo perdido todo: posición, casa, dinero, pasado, presente, futuro?

Sergio escuchaba con respetuoso silencio. Se había acercado a la ventana y contemplaba Viena con satisfacción: Viena después del cierre de los cafés, cuando la ciudad duerme profundamente bajo la nieve y las farolas se vuelven melancólicas, como si esperasen la mañana para irse a dormir.

–Pero no me quejo –dijo Zweig–. No he venido aquí a quejarme, sino a contar historias. Atiende...

La Primera Guerra Mundial

–Si busco una palabra para describir el mundo de antes de 1914, esa palabra es seguridad. En la época en que crecí y me crié –dijo Zweig–, todo en Europa parecía firme y **estable.** Y los Estados y los Parlamentos parecían la garantía suprema de esa seguridad. Aquel mundo, sin embargo, murió. La Primera Guerra Mundial acabó con él. Lo hizo cenizas.

–Pero ¿por qué hubo guerra? –preguntó Sergio, consciente de que se trataba de una cosa muy seria.

–¿Te han hablado del imperialismo del siglo XIX, de cómo las naciones de Europa competían entre sí por ser las más ricas y las más poderosas, por ocupar y controlar más territorios que el enemigo e, incluso, que el amigo?

–Sí –respondió Sergio.

–Bien, pues la Primera Guerra Mundial estalló a consecuencia de esa cruel competición –afirmó Zweig.

Y a continuación, dijo:

–Durante mucho, mucho tiempo, desde Napoleón, Europa se había librado de grandes guerras. Las riñas se habían podido resolver mediante negociaciones o con enfrentamientos entre unas pocas naciones. Pero eso cambió en el siglo XX. A raíz del imperialismo, los principales gobiernos europeos organizaban ejércitos cada vez más potentes y numerosos. Todos se miraban de reojo: Alemania quería más colonias en Asia y África; Gran Bretaña y Francia querían asegurar sus ventajosas posiciones; Austria-Hungría frenar a Rusia. A partir de 1913, un tremendo choque parecía inevitable. Todos en Europa habían renunciado a la paz y buscaban un **pretexto,** cualquier excusa, para ir a la guerra.

Zweig se apartó de la ventana y se sentó en una silla.

–Veintiocho de junio de 1914 –dijo en voz baja–. Ésa es la fecha en que unos terroristas serbios asesinaron en Sarajevo al archiduque Francisco Fernando, heredero al trono de Austria-Hungría.

Zweig repitió la fecha: 28 de junio de 1914. Después, miró a Sergio y añadió:

–Ese asesinato fue el pretexto esperado para ir a la guerra. Sonó aquel disparo y se hizo añicos ese mundo de seguridad en el que me había criado y educado. Un mes después, Austria-Hungría se decidió a atacar a Serbia, pues consideró al gobierno serbio responsable de la muerte del heredero. A continuación, Rusia apoyó a Serbia y Alemania, a los austro-húngaros.

Sergio preguntó:

–¿Y fue así como empezó la guerra?

–Así es –respondió Zweig–. A comienzos de agosto de 1914 ya se habían formado los dos bandos enemigos. Rusia, Francia y Gran Bretaña, por un lado. Alemania y Austria-Hungría, por el otro. Italia se unió a los primeros muy pronto, y mucho después Estados Unidos. Turquía apoyó a los segundos. A excepción de España, Holanda, Suiza y los países escandinavos, todos los Estados europeos participaron en la Primera Guerra Mundial, que se llamó así porque hizo temblar la Tierra entera.

–Ya entiendo –dijo Sergio.

–Debes saber, sin embargo, una cosa: en 1914 –dijo Zweig– nadie imaginaba que la guerra fuera a durar más de medio año. Ambos bandos esperaban ganar, y también esperaban ganar muy rápido. Además, en 1914, después de casi medio siglo de paz, ¿qué sabían en los pueblos y ciudades de la guerra? No la conocían. Apenas era una leyenda. La mayoría seguía viéndola como algo heroico y romántico. «Por Navidad volveremos todos a casa», gritaban a sus madres los soldados, sonriendo, en agosto de 1914.

Un regimiento desfilaba ahora por Viena, en pleno verano. Las calles estaban llenas de ancianos, mujeres y niños que animaban a los jóvenes soldados. Desde las terrazas, la gente lanzaba flores.

–Pobres **ilusos...** La Primera Guerra Mundial fue la peor de las pesadillas –dijo Zweig–. A mediados de diciembre de 1914,

las personas inteligentes ya se dieron cuenta de que la lucha no iba a terminar en Navidad. Ante las tempestades de fuego de las últimas ametralladoras y de los nuevos cañones, los ejércitos de ambos bandos dejaron de moverse rápidamente como en guerras pasadas. A lo largo de todo el sangriento **frente de batalla,** los soldados excavaron trincheras para protegerse del enemigo. De vez en cuando, los viejos generales ordenaban avanzar para conquistar una estrecha **franja** de dos o tres kilómetros. En esos días la muerte se contaba por millares.

La línea del frente de batalla ofrecía una extraña y horrible visión. Ante los dos fosos enemigos, Sergio vio campos de árboles despedazados y **socavones** gigantescos. Allí se pudrían los muertos de las últimas jornadas, sobre los huesos de aquellos que habían caído en los primeros días de la guerra. Aquello era la tierra de nadie, una destrozada **maraña** de zanjas y alambradas que los atacantes debían cruzar para ocupar la trinchera enemiga, a través de vapores blancos, hirvientes, entre los **obuses** de los cañones y el fuego de ametralladora.

–Lo que iba a ser la veloz guerra de 1914, se convirtió en la Primera Guerra Mundial, que duró de 1914 a 1918 y terminó con la derrota de Alemania y sus aliados –dijo Zweig–. Todos los buenos valores europeos desaparecieron en el salvajismo de los combates. El mundo... el mundo nunca había visto nada tan terrible. Murieron ocho millones y medio de soldados. Más de veinte millones resultaron heridos. Muchos quedaron mutilados para el resto de sus vidas. Después de 1918, nada volvió a ser igual. Nada.

La tierra de la gran promesa

Zweig cerró los ojos y se quedó así durante un rato, como un ciego, con el rostro sin expresión. Como si estuviera buscando una palabra.

–Has de saber –prosiguió con voz amable– que la Primera Guerra Mundial puso punto final al imperio de Austria-Hungría. La Primera Guerra Mundial también provocó la expulsión del káiser Guillermo, emperador de Alemania, y el desplome final del antes poderoso imperio turco.

Zweig se calló y miró a Sergio.

–Todo cambió de golpe –dijo sin pesar–. Antes de la Primera Guerra Mundial, en 1913, sólo había veinte Estados en Europa. Después de la Paz de Versalles, en 1919, había treinta y uno. Algunos eran diminutos, como Austria o Checoslovaquia. Otros eran grandes, como Polonia.

«¡Polonia!», se dijo Sergio, que se acordó de Conrad y de la lucha de los polacos por conseguir su independencia.

–Sin la Primera Guerra Mundial –continuó Zweig–, Nicolás II habría seguido reinando sobre Rusia.

–¿El zar? –preguntó Sergio.

–La Revolución en el país de los zares –asintió Zweig– nació de la amargura de la Gran Guerra y del alto precio que el pueblo pagó en vidas, heridos y prisioneros. Te hablo de una Revolución que estremeció al mundo entero: la Revolución rusa de 1917.

–¡Otra Revolución! –exclamó Sergio–. ¿Cómo fue?

–Atiende –dijo Zweig–. Antes de que empezara la Primera Guerra Mundial, Rusia vivía bajo los caprichos del zar, que era dueño de un imperio tan grande como Estados Unidos, China y la India juntos. Los ojos de los revolucionarios brillaban en las ciudades de aquel imperio como en pocos lugares de la tierra, pues allí había atraso, miseria, corrupción... y las autoridades no hacían nada por corregir esos males. Uno de esos revolucionarios era Vladimir Ilich Ulianov, Lenin.

Zweig dijo aquel nombre con fuerza, para que Sergio lo escuchara bien.

–Lenin era un **visionario** frío y calculador. Vivía exiliado en Suiza y era el jefe de los bolcheviques... una pequeña organización de revolucionarios decididos a **derrocar** al zar y a llevar el comunismo a Rusia... La Primera Guerra Mundial ofreció a Lenin y a sus compañeros la oportunidad de alcanzar todo aquello con lo que habían soñado durante años.

–¿Cómo? –preguntó Sergio.

–Todo ocurrió con mucha rapidez –respondió Zweig–. La guerra empobreció a Rusia y enfadó al pueblo hambriento. En 1917, ese descontento estalló en manifestaciones de protesta y disturbios donde se gritaba «¡Abajo el zar!». Cuando los soldados abandonaron el frente y se unieron a las protestas, Nicolás II no tuvo más remedio que renunciar a la corona.

–¿Y Lenin?

–Al principio, Lenin no podía creerlo –respondió Zweig–. Estaba como **aturdido** por los rumores que llegaban a Suiza: ¡Una Revolución!, ¡el zar derrocado!, ¡la libertad!, ¡el perdón a los revolucionarios perseguidos! Todas esas noticias eran ciertas, y rápidamente Lenin se dio cuenta de que era urgente abandonar Suiza. Debía regresar a Rusia ya, costara lo que costara. Pero el camino a Rusia estaba cortado por Alemania y Austria. Entonces Lenin planeó algo sorprendente. Ante el asombro de sus compañeros, negoció con el gobierno del káiser para que se le permitiese atravesar Alemania dentro de un tren. El seis de abril de 1917 Lenin recibió esta respuesta del ministro alemán: «Asunto dispuesto según lo deseado».

–¡Pero Alemania era el enemigo de Rusia! –exclamó Sergio.

–Así es –respondió Zweig. Luego dijo–: Aquel tren atravesó silbando toda Alemania para llegar a San Petersburgo. Allí, los peligrosos y decididos revolucionarios que viajaban dentro de sus vagones hicieron que el orden de la época saltase en pedazos.

Zweig se calló un momento y miró a Sergio.

–¿No te estoy cansando? –preguntó cortésmente.

–No –respondió el niño–. Sigue contando.

–Tan pronto como pisaron Rusia, Lenin y sus compañeros se pusieron al frente de la Revolución. El líder bolchevique resumió su plan en unas pocas **consignas:** «Abajo la guerra» o «Todo el poder para los representantes de los trabajadores». Y esas consignas fueron coreadas en manifestaciones y asambleas de obreros y soldados. Finalmente, el siete de noviembre de 1917, los bolcheviques se adueñaron del gobierno. Todos los desheredados y revolucionarios de la Tierra volvieron entonces sus admirados ojos hacia Rusia y hacia aquel hombre de perilla que prometía crear un mundo sin explotadores y explotados.

Aquélla, pensó Sergio, era la misma promesa que había hecho Marx.

–Los bolcheviques prometían un mundo mejor, un mundo sin pobres ni ricos, pero crearon otra cosa –siguió Zweig.

–¿Qué?

–Los bolcheviques construyeron un inmenso país donde el miedo aplastaba cualquier esperanza, donde la vida de los hombres buenos se marchitaba antes que un ramo de rosas. Sobre el antiguo imperio de los zares, a los que asesinaron, los bolcheviques levantaron un mundo helado y brutal, donde los niños se ponían serios como si fuesen viejos y los viejos se asustaban como niños.

Sergio se acordó entonces de aquello que le había contado Conrad de las revoluciones comunistas. Sus ojos se llenaron de pena.

–Una vez en el poder, Lenin creó un aterrador Estado policíaco, pues pensaba que el objetivo comunista sólo podía alcanzarse mediante la persecución de quien no pensara como los bolcheviques. A su muerte, en 1924, le sucedió Stalin, un gobernante mucho más fuerte y cruel. Bajo Stalin, Rusia se transformó en un infierno de espías y campos de concentración.

–¿Qué es un campo de concentración?

–Eso –señaló Zweig al otro lado de la ventana.

De la niebla **emergió** el recinto del campo: torres de vigilancia y filas de alambradas tendidas entre postes de hormigón. Los **barracones** alineados formaban calles largas y rectas.

–Los campos de concentración –comentó Zweig– se convirtieron en las prisiones de la Nueva Rusia: crecieron y se extendieron con sus mugrientas plazas y casas. Allí los guardias eran brutales y los presos eran tratados peor que el ganado. Allí envió Stalin a dieciocho millones de personas. Allí fueron ejecutados o murieron de hambre o de cansancio más de tres millones de presos. Sin ninguna razón y de una forma bárbara. Allí fueron a parar tanto los enemigos como los amigos de la Revolución. Stalin –dijo Zweig– no hacía diferencias.

–¿No? –preguntó Sergio extrañado.

–Todos podían acabar en los campos. Todos podían ser marcados con la señal de traidor. Todos se despedían de la familia cuando salían de casa para ir a trabajar, porque nadie estaba seguro de regresar por la noche. Todos se estremecían bajo el terror de la policía, porque la Rusia comunista era un mundo donde todos podían ser acusados y culpables. Todos... menos Stalin.

Zweig hizo una pausa. Dijo:

–Lo más triste de esta historia es que Stalin fue un dirigente muy popular, dentro y fuera de Rusia. Para muchos poetas y revolucionarios, Stalin era el guía y el guardián del socialismo en la Tierra. La gran promesa de un mundo sin ricos ni pobres, un mundo donde todos serían iguales.

Zweig suspiró. A continuación, concluyó:

–Jamás un dictador ha tenido nunca un poder tan grande en nombre de una mentira tan gigantesca, y sin embargo tan poderosa.

El tiempo de los dictadores

Zweig hablaba con pena del siglo XX, de sus luchas y mentiras, de sus ideales y temores. Hablaba de aquel tiempo como si aún no hubiera terminado, como si aún no se hubiera precipitado en la oscuridad del pasado.

Al día siguiente de contar la historia de la Revolución rusa, dijo:

–El siglo XVII fue el siglo de Galileo; el siglo XVIII el de la *Enciclopedia;* y el XIX el de los grandes inventos que disminuyeron las distancias del mundo. Mi siglo, el siglo XX, fue el siglo del miedo –dijo Zweig.

Sergio escuchaba sin moverse.

–Ayer –continuó Zweig– dije que la Revolución rusa no habría estallado sin la Primera Guerra Mundial. Bien... Has de saber que del horror y de la miseria de aquella Gran Guerra también surgió el fascismo.

–¿Qué es el fascismo? –preguntó Sergio.

–El fascismo nació en Italia –respondió Zweig– y fue como la mala hierba que crece en los lugares abandonados. Mussolini, su inventor, se aprovechó de todos los italianos que habían dejado de confiar en el gobierno para organizar un violento y asfixiante movimiento político. Mussolini hablaba de enterrar la libertad; de acabar con los partidos políticos y aplastar la amenaza socialista; de empezar un mundo completamente nuevo, un orden completamente diferente bajo la orgullosa bandera del fascismo, que quería devolver a Italia su grandeza. Aquel mensaje encontró a sus primeros seguidores entre los jóvenes desilusionados y los ex combatientes de la Gran Guerra. Todos ellos deseosos de ponerse un uniforme para dar y recibir órdenes.

–¿Qué uniforme?

–Todos los fascistas vestían camisas negras y **polainas** blancas –respondió Zweig–. En 1919, Mussolini ya contaba con una banda de seguidores para atacar a los socialistas y **amedrentar** a los defensores de la libertad. En 1922, los fascistas marcharon sobre Roma como una bandada de cuervos y el rey de Italia, muy asustado, entregó el Gobierno a Mussolini.

La imagen fanfarrona de un hombre calvo y fuerte sorprendió a Sergio. ¡Mussolini! Aquel hombre estaba en Roma y contemplaba orgulloso la llegada de un atronador mar de camisas negras. ¡Los **militantes** fascistas!, que ya entonces se contaban por cientos de miles y ahora exhibían su fuerza en la capital de Italia.

–Mussolini decía que un dictador puede ser amado por las masas, pero siempre y cuando meta miedo al mismo tiempo. «La muchedumbre –decía– adora a los hombres fuertes». Eso decía.

Zweig parecía ahora presa de una gran tristeza. Dijo:

–Mussolini **allanó** el camino a Hitler, pues ofreció un ejemplo que el jefe nazi estudió y retuvo: un ejemplo de brutalidad, propaganda y mentiras.

–¿Quién es Hitler? –preguntó Sergio–. ¿Qué es un nazi?

–Hitler fue uno de los hombres más malvados de toda la historia. Fue aspirante a artista y se alistó como voluntario en el ejército alemán cuando estalló la Primera Guerra Mundial. Después de la paz, se metió en política en Munich, donde se convirtió en el jefe del Partido Obrero Alemán Nacional Socialista. Es decir, el partido nazi.

Zweig dijo entonces que, al igual que los fascistas de Mussolini en Italia, los nazis de Hitler **adulaban** al ejército; querían acabar en Alemania con la libertad y la democracia, y enseguida formaron bandas armadas para atacar a los líderes socialistas o asesinar a políticos enemigos.

–En 1923, Hitler y sus compañeros de partido intentaron adueñarse del Estado por la fuerza, pero su golpe fracasó porque los generales se negaron a colaborar en su alocada revuelta. Hitler fue juzgado y condenado a nueve meses de prisión... Diez años más tarde, en 1933, el jefe de los nazis saludaba a sus seguidores en Berlín. Había ganado las elecciones y había sido nombrado jefe del Gobierno alemán.

Zweig hizo una pausa. Y prosiguió, explicando a Sergio las causas de aquel misterioso triunfo.

–Hitler jamás habría alcanzado el poder en Alemania de no haber sido por la amargura de la derrota en la Primera Guerra Mundial y la pobreza que azotó a los alemanes entre 1919 y 1933. La Gran Depresión de 1929 –dijo Zweig– fue el mejor aliado de los nazis, pues llenó Alemania de hambre, miseria, descontento, rabia, rencor...

A continuación Zweig explicó a Sergio que la Gran Depresión fue una angustiosa crisis económica, la más explosiva que ha conocido la historia. Sergio supo que el centro de aquella gran crisis fue Estados Unidos, pero que se extendió al mundo entero y dañó a Alemania muy especialmente. La pobreza esperaba a las puertas de los hoteles, junto a los grandes edificios. Los niños tenían hambre. Los trabajadores no tenían trabajo ni dónde vivir. Todos arrastraban su triste paso por las ciudades, como muertos. Algunos se daban a la bebida. Otros vociferaban contra los políticos por las calles...

–¡Cómo le gustó a Hitler aquella época! –dijo Zweig–. Hitler y sus compañeros nazis alcanzaron el poder apoyándose en la desesperanza del pueblo. La violencia y la propaganda fueron sus principales armas, pues el jefe nazi estaba convencido de que una mentira mil veces repetida acaba convirtiéndose en verdad. Discurso tras discurso, Hitler hipnotizó a los alemanes, los contagió con su cólera y les hizo soñar con días de gloria. Hitler **manipuló** los odios, temores, esperanzas, y el resultado... ¡Ah, una dictadura terrorífica, persecuciones racistas, fusilamientos de cualquiera que se negara a obedecer a los nazis, asesinatos masivos en los campos de concentración... el crimen de millones de judíos!

De pronto Sergio vio a Hitler, aclamado por multitudes que alzaban el brazo y gritaban «¡Führer! ¡Führer!» con mucho estruendo. Aquel hombre era un charlatán asombroso. Hablaba con energía, agitaba los brazos, se entristecía, de pronto se ponía furioso, jadeaba, gritaba, sudaba... La **megafonía** hacía llegar su discurso a toda aquella gente, al igual que la radio ayudaba a **difundir** sus palabras por toda Alemania.

Hitler denunciaba el castigo que los vencedores de la Primera Guerra Mundial habían impuesto a Alemania como un insulto a una raza noble. Luego echaba la culpa a los judíos de la derrota militar, del avaricioso capitalismo, del comunismo, de la pobreza y del hambre... de todos los males imaginables.

«La raza superior debe eliminar a los pueblos inferiores», gritaba.

«Los alemanes –decía moviendo la cabeza arriba y abajo– deben salir de su rincón del mundo, mostrar de nuevo su valentía y conquistar un nuevo y gran imperio, un gran imperio Alemán».

Le brillaban los ojos. Rabiosamente.

La Segunda Guerra Mundial

–Hitler no se contentó con clasificar a los pueblos en elegidos, perdedores y muertos –dijo Zweig–. Hitler creyó que

su malvado sueño debía formar parte de la historia y ordenó a sus generales y a sus policías que convirtieran aquel sueño en realidad.

–¿Qué pasó? –preguntó Sergio muy inquieto–. ¿Qué pasó?

–Hitler se movió rapidísimo cuando se hizo amo y señor de Alemania. El jefe de los nazis empezó por romper el Tratado de Paz de Versalles. Hitler rearmó al ejército alemán, algo que prohibía aquel tratado. Después firmó pactos con el Japón del emperador Hirohito y la Italia de Mussolini, dos países que también eran partidarios de la fuerza y de la expansión militar.

A continuación Zweig explicó a Sergio cómo Hitler rompió el Tratado de Versalles, página a página. Dijo:

–Año 1936: las tropas alemanas ocupan Renania. Año 1938: las tropas alemanas invaden Austria y parte de Checoslovaquia.

Finales de 1939: Hitler y Stalin firman un pacto de no agresión. Aquel pacto, que además contenía un acuerdo secreto entre Rusia y Alemania para repartirse Polonia, llenó de pánico a Francia y Gran Bretaña.

–¡Pobre Polonia! –lamentó Sergio.

–Después de ese pacto –dijo Zweig–, la Segunda Guerra Mundial ya no sorprendió a nadie.

Sergio miró al suelo. Parecía decepcionado. ¿Acaso los mayores de aquella época ya habían olvidado los horrores de la Primera Guerra Mundial? ¿Acaso ya no estaban cansados de guerras?

–La Segunda Guerra Mundial comenzó en 1939, cuando Hitler invadió Polonia, aplastada por los tanques y aviones alemanes antes de que Francia y Gran Bretaña pudieran ayudar a los polacos. Después de esa victoria, los alemanes continuaron su paseo triunfal por Noruega, Dinamarca, Holanda, Bélgica y ¡Francia! Todos esos países fueron tragados de un bocado por el veloz avance alemán. Ahora, mediados de 1940, sólo quedaba Gran Bretaña para enfrentarse a Hitler.

De pronto, apareció el Parlamento inglés ante los ojos de Sergio. Un hombre gordinflón, calvo y bajito había tomado la palabra. Aquel hombre era Winston Churchill, uno de los mejores políticos de todos los tiempos, el político que agrupó a los británicos contra Hitler. Churchill decía:

«¿Cuál es nuestra política? Yo respondo: nuestra política es hacer la guerra contra una tiranía monstruosa. Ésa es nuestra política. También os preguntaréis: ¿Cuál es nuestro objetivo? Lo puedo nombrar con una sola palabra: Victoria..., victoria a cualquier precio, pues sin victoria no habrá supervivencia... ¡Así, pues, juntemos nuestras fuerzas y avancemos juntos!».

Aquellas palabras emocionaron a Zweig profundamente. Dijo:

–Cuando los ataques a Londres fracasaron, Hitler se decidió a romper su pacto con Stalin y marchar sobre Moscú. Aquél fue un gran error. Los generales alemanes esperaban ocupar rápidamente el imperio comunista de Stalin. Pero su plan fracasó. Y las victorias de Hitler se hundieron en el invierno ruso.

–¡Como Napoleón! –exclamó Sergio.

Zweig afirmó con la cabeza. Dijo:

–Durante el verano de 1942, el ejército alemán fue rodeado frente a Stalingrado y, a partir de entonces, todo fue de mal en peor para Hitler. La decidida entrada de los norteamericanos en la lucha, junto al imparable avance ruso en el este decidió el final de la Segunda Guerra Mundial... La derrota de Hitler y sus amigos –dijo con alivio Zweig–. La victoria de Gran Bretaña, Rusia, Estados Unidos y los aliados.

También Sergio respiró con alivio. Aquel Hitler le parecía un fantoche de lo más malo.

–Alemania –prosiguió Zweig– se rindió en mayo de 1945, después de que Hitler se suicidara. Ese mismo año se rindió Japón. El emperador Hirohito comunicó a sus súbditos la noticia después de que los aviones de Estados Unidos lanzaran sobre Hiroshima y Nagasaki la bomba atómica.

Entonces, apareció el mar y, a lo lejos, Hiroshima. Luego un gran fogonazo seguido de una explosión. Un humo negro se elevó sobre la ciudad como la **erupción** de un volcán. Nunca antes se había visto un desastre así. Hiroshima había desaparecido. Hiroshima no existía.

–La Segunda Guerra Mundial superó en horror a la Primera –dijo Zweig–. Entre 1939 y 1945 murieron más de cincuenta millones de personas. Una grandísima parte, más del doble, ni siquiera eran soldados. Lo más salvaje fueron los bombardeos. Los cadáveres se contaban por cientos de miles en los angustiosos bombardeos de Londres, Berlín, Hiroshima, Nagasaki. O en el espeluznante ataque que el ejército alemán lanzó sobre Stalingrado.

Zweig hizo una pausa. Luego añadió:

–Pero de todas las crueldades que se cometieron durante la Segunda Guerra Mundial, la más escalofriante fue la matanza de judíos preparada por los jefes nazis, y ejecutada no sólo en Alemania sino en todos los territorios que ocuparon los soldados alemanes.

La voz de Zweig tembló. Dijo:

–No menos de seis millones de judíos fueron asesinados antes de concluir la Segunda Guerra Mundial. La mayoría, en campos de concentración, donde los guardianes les obligaban a trabajar hasta la extenuación, dejaban que se muriesen de hambre, los fusilaban por un sí o por un no, o los asfixiaban con un gas mortal en habitaciones cerradas.

Los campos de concentración nazis se parecían a los comunistas de Stalin: campos cubiertos de nieve y barro, cerrados por alambradas y torres de vigilancia.

Sergio sintió que el corazón se le hacía pedazos cuando vio los presos que se movían en aquellos campos: hombres, mujeres, niños, ancianos... todos vestidos con pijamas a rayas, demacrados, con la cabeza rapada e inclinada, las espaldas encorvadas, la mirada vacía.

Un hombre bueno

–¿Recuerdas los imperios que los europeos construyeron en el siglo XIX? –preguntó Zweig al día siguiente.

Sergio afirmó con la cabeza.

–Bien, pues después de la Primera Guerra Mundial, los europeos siguieron considerando sus imperios un asunto de primerísima importancia. Gran Bretaña y Francia mantenían sus posesiones en Asia y estaban en los territorios africanos de algún interés. Los caminos al petróleo del mundo árabe y los mismos pozos dependían también de Londres o París. Holanda, Bélgica o Portugal conservaban sus viejas colonias. Estados Unidos alargaba su brazo sobre Hispanoamérica y la Rusia de Stalin soñaba con mandar sobre el antiguo imperio de los zares. Sólo Alemania, Italia y Japón parecían retrasarse más de la cuenta, y por eso Mussolini invadió Etiopía en 1935, los japoneses China en 1937 y Hitler reclutó un gran ejército y creó la mayor fuerza aérea del mundo.

–Por su culpa empezó la Segunda Guerra Mundial –dijo Sergio sin pestañear.

–Has de saber –siguió Zweig– que, en el momento del estallido de la Segunda Guerra Mundial, más de una tercera parte de la población del planeta vivía bajo el gobierno de los europeos. Pero todo eso cambió tras la Segunda Guerra Mundial. Después de 1945 las cosas no volvieron a ser las mismas.

–¿Qué pasó? –preguntó Sergio.

–A partir de entonces los pobres y débiles del mundo se rebelaron con éxito contra los europeos. Fue el inicio de la descolonización.

–¿Qué es la descolonización? –preguntó Sergio.

–La descolonización fue la lucha de los pueblos de África, Oriente Medio, Asia e Indonesia por su independencia. Una lucha que se inició cuando esos pueblos se levantaron como un solo hombre para decir a los europeos que ya no soportaban ningún amo. Para gritar que querían escribir su propia historia. Fue como una nueva **abolición** de la esclavitud. Fue una lucha larga y, en muchos casos, dramática, especialmente violenta entre 1945 y 1965.

Zweig miró hacia la ventana. Dijo:

–La suerte estaba echada y la retirada de los viejos imperios era cuestión de tiempo, y, en algunos casos, de guerras y muertos.

Zweig repitió en voz baja: «Sí, la suerte estaba echada». Y añadió:

–La primera gran colonia que se liberó fue la India, país que pertenecía al imperio británico desde la segunda mitad del siglo XVIII. Su principal libertador fue Gandhi.

–¿Quién fue Gandhi? –preguntó Sergio.

–Gandhi fue un político que supo hacer triunfar su causa sin recurrir a la violencia, y eso en un siglo marcado a fuego por las guerras y los asesinatos en masa.

Sergio estaba muy intrigado. ¡Sin violencia! Zweig prosiguió:

–Gandhi nació en 1869, en 1891 se hizo abogado en Londres, y a finales del siglo XIX ya ejercía su profesión en Sudáfrica. Fue allí –dijo Zweig– donde descubrió las injusticias del imperialismo y donde comenzó su lucha contra las humillaciones sufridas por los débiles. A su regreso a la India, en 1915, Gandhi se puso a la cabeza de las protestas para conseguir la independencia.

Zweig explicó entonces a Sergio que para ese fin, ¡la independencia de la India!, Gandhi creó una forma de resistencia jamás vista hasta entonces: a la fuerza de las armas, Gandhi opuso la fuerza de la verdad, la desobediencia al Gobierno, las marchas pacifistas y las huelgas de hambre.

–Durante el periodo de entreguerras, entre 1919 y 1939, los británicos intervinieron con dureza para acabar con las manifestaciones. Pero Gandhi respondía con largos **ayunos** y firmes palabras que se convirtieron en la Biblia de las gentes sencillas. Las multitudes –dijo Zweig– lo amaban y seguían a todas partes. Así sucedió durante la marcha de la sal, en 1930, cuando Gandhi consiguió movilizar a millones de ciudadanos, que caminaron hacia las salinas para coger la sal que los británicos se negaban a repartir.

–¡Ah, Mahatma! –añadió Zweig en voz baja. Luego, con una voz llena de admiración, dijo:

–Alma grande, así lo llamó el poeta Tagore.

Y de pronto, Sergio vio a Gandhi. Un hombre que podía pasar por cualquiera de los artesanos de Delhi. Pequeño y encorvado, tan viejo como viejos eran sus setenta años. Tenía los pies desnudos y estaba sentado en el suelo, tejiendo su propia vestimenta para protestar contra las imposiciones de las fábricas inglesas.

–Al final –dijo Zweig–, los ingleses decidieron retirarse y permitir a la India la oportunidad de escribir su propia historia. Fue entonces cuando Gandhi afrontó la misión más difícil de su vida: impedir la separación de las dos comunidades de la India, la musulmana y la hindú. Esta vez fracasó.

–Oh, no –lamentó Sergio.

–Cuando la India consiguió la Independencia, en 1947 –dijo Zweig–, el viejo y amado país de Gandhi se dividió en dos naciones, India y Pakistán. Más tarde, en 1971, habría otra nación, Bangladesh, separada de la parte oriental de Pakistán. Lo peor –añadió Zweig después de un pequeño silencio– fue que esos cambios se produjeron en medio de un gran baño de odios y sangre. De la violencia no se libró tampoco el pacífico Gandhi, asesinado en enero de 1948 por un fanático hindú.

Sergio agachó la cabeza. Tenía la mirada seria.

Después de un rato, Zweig dijo:

–No debes estar triste. El asesino apagó la vida de Gandhi, pero no pudo borrar su ejemplo.

Sin duda, Sergio seguía triste, pero sonrió dulcemente.

Zweig añadió:

–El ejemplo de Gandhi ha sido para muchas personas, en muchas ocasiones, como una fuente en el desierto, como una estrella en la noche oscura.

La Guerra Fría

Zweig dijo aquellas últimas palabras con seriedad, como queriendo levantar el ánimo de Sergio. Después de un rato, preguntó:

–¿Estás cansado o quieres que te cuente otra historia?

Sergio rió y contestó que sí. Quería oír otra historia.

Zweig dijo entonces:

–La descolonización fue una de las cosas más espectaculares y decisivas del siglo XX. Pero no hubiera sido posible sin el apoyo de las dos superpotencias que mandaron en el planeta después de la Segunda Guerra Mundial.

–¿Qué es una superpotencia? –preguntó Sergio.

–Un país muy, muy poderoso –respondió Zweig.

–¿Como hoy Estados Unidos? –sugirió Sergio.

–Así es –dijo Zweig.

Luego siguió:

–Has de saber que Europa quedó completamente en ruinas después de la Segunda Guerra Mundial. Nunca antes se había producido tanta destrucción. Todos parecían agotados. Todo parecía acabado. No sólo Alemania o Italia, ocupadas por los vencedores. También Gran Bretaña, que había ganado. Europa entera. Fue entonces cuando algunos políticos europeos dijeron «¡Nunca más!», y se tomaron en serio la idea de empezar a construir una Europa unida para superar los conflictos entre Estados.

De pronto, apareció Berlín, justo al final de la guerra. Tras los bombardeos, la ciudad había quedado reducida a escombros. Era invierno. Hacía frío. No había nada de comer. Niños huérfanos vagaban abandonados al lado de mujeres agotadas que revolvían entre los montones de basura. Y pasaban figuras de hombres mal vestidos, cruzando las calles como sombras, soñando con comida.

–El resultado de la Segunda Guerra Mundial no dejó lugar a dudas –dijo Zweig–. Dos grandes países sustituyeron a las naciones europeas en su antiguo papel de árbitros y policías del mundo. Uno fue Estados Unidos, el país que menos mal lo pasó en las dos guerras mundiales. Estados Unidos nunca fue ocupado. Tampoco sufrió pérdidas masivas de ciudadanos. Además, Estados Unidos salió enriquecido de aquella espantosa experiencia. A diferencia de Gran Bretaña, que pagó la victoria sobre los nazis al precio de una ruina casi total y la pérdida del imperio.

Sergio se acordó de Churchill y su emocionante discurso. Zweig comentó entonces que la V de la victoria de Churchill también supuso el final del gran imperio británico, que se extinguió mientras Estados Unidos y Rusia se repartían el mundo.

–La otra gran superpotencia –dijo Zweig– fue Rusia.

–¡Rusia! –se estremeció Sergio, pues al momento le pasaron por la cabeza las imágenes de los campos de concentración de Stalin.

–Los rusos habían sufrido muchísimo desde 1914. Sólo en la Segunda Guerra Mundial habían muerto once millones de soldados, más del doble que los muertos alemanes y japoneses juntos. Pero Stalin colocó a la Unión Soviética en el lugar de cabecera de los vencedores. Bajo el nombre de la Unión Soviética –dijo Zweig–, Rusia conservó el antiguo imperio del zar, alargó su garra de oso hasta parte de Alemania y puso bajo su control Europa del Este: Polonia, Checoslovaquia, Hungría, Bulgaria y Rumania. Además, el dictador del Kremlin consolidó su influencia y presencia política en China, Mongolia y Corea del Norte.

A Sergio, ver tantos pueblos en manos de Stalin le oprimió el corazón.

–Ambas superpotencias –dijo Zweig– fueron las protagonistas de la Guerra Fría.

–¿Qué es la Guerra Fría? –preguntó Sergio.

–La Guerra Fría fue la rivalidad que enfrentó a Estados Unidos y a la Unión Soviética. Una enemistad que ambas superpotencias supieron contener para no provocar la Tercera Guerra Mundial. De ahí viene su nombre de Fría, pues la batalla a gran escala entre uno y otra quedó congelada.

–¡Menos mal! –dijo Sergio.

–Fue Churchill quién alertó al mundo sobre la peligrosa competencia entre Estados Unidos y la Unión Soviética al concluir la Segunda Guerra Mundial. Esta vez también acertó. Los países del planeta quedaron divididos en dos grandes bloques, según sus gobiernos dieran la mano a los rusos o a los americanos.

Para su sorpresa, Sergio vio el Congreso de los Estados Unidos de Norteamérica. Allí, el presidente Truman pronunciaba un discurso. Decía:

«En la presente etapa de la Historia, casi todas las naciones deben elegir entre dos modos de vida... Uno, que es el nuestro, se basa en la voluntad de la mayoría y en el derecho a vivir libres de opresión política...».

Aplausos.

«... El otro descansa en el terror y la opresión».

Aplausos...

–Por su parte –dijo Zweig mientras los congresistas seguían aplaudiendo al presidente Truman–, Stalin y los rusos se consideraban los guías y guardianes de la Revolución. Decían que frenar la marcha del socialismo era prolongar la humillación y el dolor de los pobres. También decían que la Unión Soviética estaba dispuesta a acelerar esa marcha en cualquier lugar del planeta.

Sin dar tiempo a Sergio para protestar, Zweig dijo entonces que lo más angustioso de la Guerra Fría fue que medio mundo estuvo convencido, durante cuarenta años, de que una guerra de verdad y terrible estallaría de un momento a otro.

–Fue un tiempo de sustos –comentó Zweig–, pues Estados Unidos y la Unión Soviética tenían arma nucleares. Además, ambas superpotencias no combatieron frente a frente, pero sí participaron en guerras repartidas por todo el planeta: Corea, Vietnam, Afganistán, Nicaragua, Angola, Etiopía o las guerras de Irán e Irak. Todos... lugares donde Estados Unidos y la Unión Soviética querían extender sus garras.

Zweig hizo una pausa. Luego añadió:

–Durante la Guerra Fría no se cavaron trincheras en el Viejo Continente, pero se levantó un muro que dividió en dos una de las ciudades más importantes del planeta: Berlín. Aquel muro de alambre y cemento también partió en dos Alemania y Europa. Al Este, la Europa bajo vigilancia rusa. Al Oeste, la Europa democrática.

Sergio preguntó quién levantó el muro de Berlín y Zweig respondió que aquella barrera fue obra de los rusos.

–Al final –dijo Zweig–, la Unión Soviética no pudo soportar el ritmo de los Estados Unidos, y se desplomó. Ocurrió entre 1985 y 1991. Rusia perdió entonces su imperio, al igual que Gran Bretaña, Francia, Holanda, Bélgica o Portugal habían perdido los suyos entre 1945 y 1975. Fue así porque la Unión Soviética ya no era capaz de engañar a nadie con la promesa de un mundo mejor. Ni siquiera podía convencer a los europeos que vivían bajo su control. El momento de la verdad llegó cuando los gobernantes soviéticos reconocieron su propia debilidad, algo que hizo Mijail Gorbachov. A partir de entonces, sólo quedó esperar.

Agua, champán, lágrimas y una riada humana. Eso vio Sergio en Berlín. Era el nueve de noviembre de 1989. En las torres de vigilancia los soldados ya no disparaban a las docenas de miles de alemanes que abrían un boquete de libertad en el muro prohibido de Berlín. Los jóvenes escalaban el muro con botellas de champán y rociaban a la gente de un lado y de otro. Aquél, concluyó Zweig, fue el fin de la Guerra Fría.

El hombre pisa la Luna

–Siento –dijo Zweig– que hayas tenido que ver tanta violencia. El siglo XX hundió a la humanidad en una barbarie como no se había visto nunca...

Así comenzó Zweig la última de sus historias. Después, con un tono menos triste, añadió:

–Pero, aunque parezca extraño, durante el mismo siglo en que nuestro mundo retrocedía a la barbarie, la humanidad también ha conseguido cosas asombrosas. Ha realizado lo imposible. De un empujón ha superado todas las conquistas de siglos.

Después de oír estas palabras, Sergio se sintió más animado.

–Piensa en el avión y en los cohetes espaciales. Piensa en el extraordinario impulso de la técnica y en los logros de la informática o la electrónica. Hace medio siglo, un ordenador como los que ves hoy en las tiendas era algo inimaginable. También piensa en el triunfo de la medicina sobre muchas enfermedades o en los avances de la investigación científica.

Sergio rió. Parecía muy contento.

–Los aviones son muy divertidos –dijo el niño.

–De todas las historias del siglo XX, la que más me gusta es la historia de la conquista del espacio –dijo entonces Zweig, a quien le agradó oír la risa del pequeño–. ¿Quieres que te la cuente?

–¡Oh sí! –volvió a reír Sergio.

–A mediados del siglo XX, el impulso explorador buscó nuevos retos que superar. La Tierra ya no guardaba ningún secreto, y por eso los exploradores se animaron a viajar a la inmensidad del espacio. Al sueño de unos pocos se unió entonces la rivalidad de Estados Unidos y la Unión Soviética. Ambas superpotencias no sólo compitieron por lanzar la primera nave al espacio. También compitieron por ver cuál de las dos sería la primera en poner un astronauta sobre la superficie de la Luna.

Impaciente, Sergio aguardó el resultado de la carrera espacial.

–Los primeros en poner en órbita a un astronauta fueron los rusos –dijo Zweig–. Se llamaba Yuri Gagarin. Fue el doce de abril de 1961. Pero la hazaña de enviar astronautas a la Luna la

realizó Estados Unidos. Fue el veinte de julio de 1969. Aquel día, Neil Armstrong bajó de su nave y se paseó por la Luna dentro de un pesado traje espacial. Fue algo maravilloso –dijo Zweig–. Más asombroso aún que el viaje de Magallanes y Elcano alrededor del mundo. Fue un gran triunfo para la humanidad, quizá el más hermoso.

Zweig y Sergio vieron entonces la Tierra desde el espacio. Un pequeño globo en medio de la noche.

Ambos se quedaron en silencio un largo rato.

–Decía Gagarin –comentó de pronto Zweig– que la Tierra se ve hermosa, frágil y azul desde la grandiosidad del espacio. ¿No crees que tenía razón?

–Sí –dijo Sergio en voz baja–, es muy bonita.

Entonces Zweig se dio cuenta de que Sergio tenía mucho sueño. El niño había empezado a cabecear, adormilado. Eran ya más de las doce de la noche y a Sergio le costaba mucho trabajo mantener los ojos abiertos.

Como se dormía, Zweig cogió en brazos a Sergio y lo acostó en la cama. Después de cubrirle con una manta, el último sabio sintió que protegía un gran tesoro, pues no existe nada tan hermoso y frágil sobre la Tierra como el sueño de un niño.

Zweig apagó la lámpara. Miró, a la luz de la luna, los ojos cerrados de Sergio. Y se marchó.

El lugar más hermoso del mundo

La despedida

–Buenos días, Sergio –dijo una voz cerca del niño, y al abrir los ojos, allí estaba la musa Clío. Rubia, hermosa, con sus ojos brillantes como chispas y sus manos tan delicadas como las de una estatua griega.

–¿Y el señor Zweig? –preguntó Sergio mientras se desperezaba.

–Se ha ido –respondió la musa–. También yo tengo que despedirme. Enseguida vendrá tu madre para despertarte, y no debe verme. ¿Te han gustado las historias de la *Pequeña historia del mundo?*

Sergio cerró los ojos un momento, y se acordó de Heródoto, y de Ibn Jaldún, y del viejo Leonardo, y del barón de Montesquieu. Recordó a Joseph Conrad y al señor Zweig. ¡Ah, el triste señor Zweig! Él le había enseñado a Sergio cómo las personas somos capaces de lo mejor y de lo peor.

–Sí... me han gustado mucho –dijo Sergio abriendo los ojos.

Pero la musa Clío ya había desaparecido.

–¡Musa! –la llamó Sergio–. ¡Musa! –dijo de nuevo–. ¡Espera! –suplicó por última vez.

Nadie respondió. Fue entonces cuando Sergio se dio cuenta de que alguien había dejado un libro en la repisa de la ventana. La musa Clío, seguramente. Sí, sí, la musa Clío. Aquel libro era otra *Pequeña historia del mundo...*

Todo eso fue hace ya un año.

Al principio, Sergio se sintió muy triste. Echaba de menos la compañía de los sabios. Después, se consoló un poco. Al final, la musa y los sabios se convirtieron en un recuerdo borroso y Sergio se olvidó de sus caras como uno se olvida de los juguetes viejos. El niño leyó los nuevos cuentos de la *Pequeña historia* que le había regalado la musa Clío y conoció a muchísimas personas fabulosas y a no pocos genios. Y así, leyendo, descubrió que las historias pueden ser tan valiosas como el agua en un día caluroso de verano. Descubrió que hacen agradable respirar. También descubrió que los cuentos de la historia son una rendija a un mundo repleto de aventuras, una rendija a mundos que ya no existen.

De modo que muy pronto se animó a viajar más y más con la imaginación. Una noche se dejaba caer por la Alejandría de Cleopatra. Vio a Cesarión, hijo de Julio César y Cleopatra, imagen de la gracia y la belleza, y oyó las conversaciones de la reina de Egipto con Marco Antonio, el romano. Otra noche escuchó al filósofo Francisco de Vitoria, en la Universidad de Salamanca. Hablaba sobre los derechos de los indios de América. Otra noche se trasladó a Holanda, donde contempló en silencio al pintor

Rembrandt, que dibujaba con pluma, tinta y pincel una vista de la ciudad de Haarlem. Otra viajó con el explorador Stanley a bordo de un vapor ruinoso, río arriba, en África. Otra se desplazó a Tokio, donde unos generales planeaban atacar Manchuria, y después China y después Birmania y después Pearl Harbor.

Así cada noche. Todas las noches. Gracias a la *Pequeña historia,* Sergio podía brincar por encima de los océanos, los continentes y los siglos con la misma facilidad con que uno se sube al bordillo de una acera. Bastaba con abrir el libro. Leer. Después cerrar los ojos.

Y era, ¡es!, tan divertido.

Al principio, Sergio leía y viajaba solo, tan feliz, siguiendo su capricho. Después, compartió su secreto con su hermanita Blanca, una niña minúscula.

¡Ah, podría amontonar tantos detalles conmovedores de los dos niños! Pero no...

Sergio. Blanca. Esos nombres os bastan, como a mí me basta su presencia en esta habitación que os he dibujado. Sergio, el mayor, lee en voz alta, maravillado. Blanquita, la pequeña, sonríe mientras al otro lado de la ventana aparece una misteriosa ciudad con su río, sus paseos arbolados y sus heladerías. Os lo aseguro. Esta habitación donde los dos niños se divierten con los cuentos de la historia es para mí el más hermoso lugar del mundo.

El rincón de las palabras

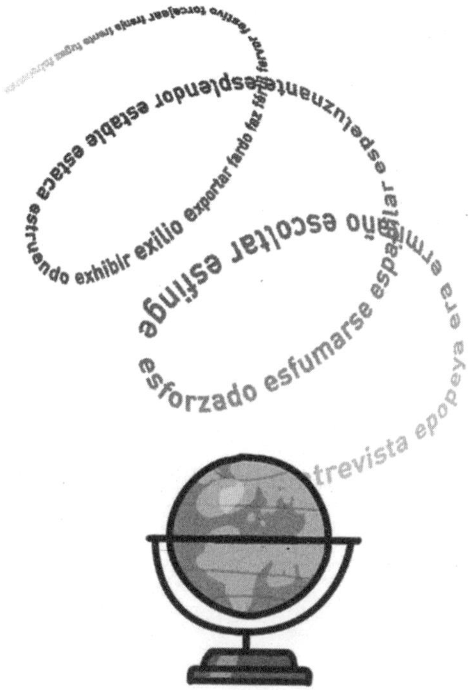

La musa Clío, que te ha guiado en las primeras páginas de esta *Pequeña historia del mundo,* ha preparado para ti *El rincón de las palabras.* Aquí, en este rincón, están las definiciones de unas cuantas palabras que a lo mejor no conocías, sobre las que Clío ha querido llamar tu atención a lo largo del libro, para que puedas aprender su significado y comprendas mejor las maravillosas historias que los seis sabios te han contado.

****

abolir Suprimir un precepto o una costumbre.

a.C. Abreviatura de *antes de Cristo,* que se utiliza para designar los años anteriores al nacimiento de Jesús de Nazaret, aproximadamente en el año 0 de nuestra era, así como *d.C.* se utiliza para los años que van *después de Cristo.*

acecho (al) Solemos utilizar la expresión *al acecho,* que significa «observando disimuladamente y con expectación».

acueducto Construcción para llevar el agua, por lo general a una p blación. Se suele aplicar a construcciones antiguas.

ademán Movimiento o actitud del cuerpo que es consecuencia de un estado de ánimo.

adular Alabar demasiado a alguien, generalmente con algún interés.

agitador Persona que provoca desórdenes o revueltas.

agolparse Reunirse de forma inesperada un conjunto de personas o varios objetos en desorden.

agonizar Sufrir el dolor que precede a la muerte. Fin de una época o cultura.

alabar Hablar bien de una persona o una cosa, destacando sus cualidades o virtudes.

alarido Grito muy fuerte de dolor o pena.

alba El amanecer o la primera luz del día antes de salir el Sol.

algarabía Ruido de gritos y voces confusos de varias personas.

allanar Poner llano, especialmente un terreno, aunque también se refiere a eliminar las dificultades que puede haber en las intenciones de realizar algo.

almena Cada una de las torres que ocupan la parte superior de los muros de las antiguas fortalezas y castillos.

alminar Torre desde la que se llama a los fieles musulmanes para que comiencen a orar en la mezquita.

amedrentar Meter miedo a alguien.

anarquía Forma de gobierno de un país, que se basa en el hecho de que no exista ninguna autoridad que gobierne y en la libertad total de la persona, que no tiene que cumplir ninguna norma establecida. También se utiliza para describir una situación de desorden o de confusión.

anécdota Relato breve de algo curioso, divertido o entretenido que ha pasado.

anfiteatro Edificio en forma redonda u ovalada, con filas de asientos en pendiente a su alrededor, en el que se celebraban algunos espectáculos en la antigua Roma.

anhelo Deseo o ganas muy grandes de conseguir alguna cosa.

anteojo Gafas o lentes.

armonía Unión o combinación agradable y adecuada de las distintas partes que componen una cosa.

arriesgado Peligroso y difícil. También es alguien que no teme enfrentarse a situaciones peligrosas o difíciles.

artefacto Objeto o máquina grande o rara.

artífice Artista, autor.

astro Cualquier cuerpo de los que están en el cielo, como las estrellas y los planetas.

astrólogo Persona que estudia la influencia de los astros en la forma de ser de las personas y en su futuro.

astuto Hábil para conseguir lo que desea y para no dejarse engañar.

ataúd Caja alargada y con tapa, de madera u otro material, donde se mete a los muertos para enterrarlos.

aturdido Que se encuentra en un estado que le impide pensar o actuar.

avidez Deseo muy fuerte.

ayuno Hecho de no comer o no beber.

azar (al) Sin pensar (de *azar*, casualidad).

bahía Parte de mar que entra en la costa y que vista desde arriba tiene forma curva.

barracón Caseta grande que, normalmente, no está dividida en habitaciones y sirve para alojar a un grupo numeroso de gente, por ejemplo, a los soldados.

bayoneta Cuchillo alargado que se encaja en el extremo de un fusil.

bloquear Impedir que algo funcione normalmente o interrumpir el desarrollo de un proceso.

borda Borde superior del costado de un buque.

bóveda Techo curvo y alargado que cubre el espacio entre dos muros o dos filas de columnas.

bucle Rizo del pelo, largo y en forma **de espiral.**

buhonero Vendedor que va de pueblo en pueblo y vende chucherías y objetos de poco valor.

bullir Hervir un líquido. También se utiliza para referirse a un conjunto de personas, animales o cosas que se mueven agitadamente.

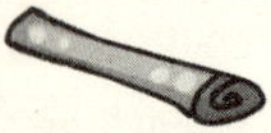

caballero Hombre que, antiguamente, pertenecía a uno de los grupos que formaban la nobleza.

cálamo Parte inferior hueca de la pluma de un ave.

caliza Roca formada principalmente por carbonato de cal, o una piedra que tiene cal; *calizo* se refiere a un terreno que tiene cal.

canciller En algunos países, persona que ocupa un cargo político muy importante. En Alemania, por ejemplo, se llama así al presidente del Gobierno o al primer ministro.

cantera Lugar de donde se saca piedra u otro material parecido para construir.

caos Gran confusión o desorden.

capitalismo Sistema económico en el que el elemento principal de producción de riqueza es el dinero o las propiedades de las empresas privadas o de las personas particulares.

caravana Grupo de personas que viajan juntas con sus vehículos, animales, etc., especialmente por desiertos o lugares peligrosos.

cetro Especie de bastón, fabricado con materiales preciosos, que llevan los reyes como símbolo de mando y autoridad.

chapoteo Ruido que produce el movimiento de los pies o de las manos en el agua o en el barro.

cincelar Grabar sobre piedra o metal utilizando un *cincel,* herramienta de acero que termina en una punta afilada.

circunnavegar Navegar alrededor de un lugar.

civilización Conjunto de ideas, costumbres, cultura y arte de un pueblo.

clave Básico, fundamental, decisivo.

coalición Unión de personas o países para conseguir algo.

cochambre Suciedad, cosa grasienta y que huele mal.

colono Persona que va a un territorio diferente de su lugar de nacimiento para establecerse en él.

colosal De tamaño, calidad o cantidad enorme, fuera de lo normal.

confín Punto más alejado al que alcanza la vista. En geografía es la *frontera,* límite que divide las poblaciones, provincias o naciones.

conjetura Opinión probable, basada en algo que no es muy seguro.

conjura Acuerdo en secreto que hacen varias personas para conseguir un fin, especialmente en contra de alguien.

consagrar Dedicarse por completo alguien o algo a lograr un determinado fin. También es ofrecer a un dios una persona o cosa.

consigna Orden, instrucción que se da a una o más personas, por ejemplo, en el ejército, en una empresa o en un partido político.

conspiración Unión de varias personas en secreto para hacer algo contra otras.

coquetería Deseo de agradar y gustar siempre a otras personas.

corte Lugar donde vive normalmente el rey o la reina. También es la propia familia del rey y el conjunto de personas que lo acompañan.

creencia Idea que tiene alguien de que algo es de determinada manera. También es el conjunto de ideas sobre un tema importante en que cree alguien, como la religión o la política.

crepúsculo Luz suave que hay al amanecer y, sobre todo, cuando se pone el Sol y empieza a hacerse de noche.

crónica Relato de los acontecimientos históricos de una época en el orden en que ocurrieron.

cúpula Cubierta de un edificio en forma de media esfera.

custodiar Cuidar o proteger algo o a alguien.

deponer Echar a alguien del puesto importante que ocupa.

derrocar Echar de forma violenta a alguien de un puesto elevado.

desdicha Desgracia o mala suerte.

desembarazarse Deshacerse de una persona o cosa que molesta.

desolado Muy triste o angustiado.

destello Resplandor intenso que dura poco tiempo.

destierro Expulsión de una persona de un territorio o lugar.

destino Fuerza desconocida que se cree que hace que las cosas ocurran de una manera determinada, sin que podamos hacer nada para cambiarlas.

desvanecer Desaparecer algo, material o no, poco a poco.

devastar Destruir un lugar por completo.

dictador Persona que gobierna un país con todo el poder para hacer lo que quiera, sin preocuparse de lo que opinen los ciudadanos.

difundir Extender, hacer que llegue a muchas personas una noticia, un rumor, una moda, etc.

dilema Problema que se plantea al tener que elegir entre dos opciones contrarias.

diplomacia Actividad que realizan los países para mantener buenas relaciones con los demás y defender sus intereses.

discurso Exposición hablada de un tema.

disentería Enfermedad infecciosa que produce dolores abdominales, fiebre y diarreas.

disimulo Intento de que algo no se note.

don Gracia especial o habilidad que alguien tiene para hacer una cosa.

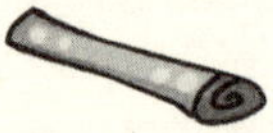

eclipse Fenómeno que se produce cuando un astro tapa durante un tiempo a otro, totalmente o solo en parte.

elocuente Lo es una persona que habla o escribe bien y tiene capacidad para emocionar o convencer a los demás. También se utiliza para referirse a las palabras o imágenes expresivas, que emocionan o convencen.

embalsamar Preparar un cadáver con técnicas especiales para evitar que se descomponga y se estropee.

emerger Brotar, salir del agua o de otro líquido o del interior o de detrás de otra cosa.

énfasis Fuerza con que se dice algo para darle mayor importancia.

enigmático Misterioso o difícil de entender, que encierra un significado o mensaje escondido, o que no se llega a saber o comprender.

enrolarse Alistarse, meterse una persona en el ejército o en otra organización, o entrar una persona a formar parte de la tripulación de un barco.

entrevista Del verbo *entrever*, ver a medias o confusamente una cosa.

epopeya Poema muy largo que cuenta las hazañas de personajes históricos o que forman parte de las leyendas; en las epopeyas suelen aparecer dioses y otros elementos maravillosos y fantásticos. Por esto se dice también de una actividad que se realiza con mucho esfuerzo y dificultad.

era Gran periodo de la historia, que tiene unas características comunes que lo distinguen de otros anteriores y posteriores, y que se empieza a contar a partir de un suceso muy importante.

ermitaño Dicho de una persona, que vive en soledad, como los monjes que se retiran a vivir solos y se dedican a rezar.

errante Que anda de una parte a otra sin tener un lugar fijo en el que estar.

erupción Salida más o menos violenta y repentina hacia el exterior de algo contenido en un sitio, especialmente, la de materiales líquidos, sólidos o gaseosos que están dentro de la tierra, a través de los volcanes.

escoltar Acompañar a una persona para protegerla, en señal de respeto y honor, o para evitar que huya.

esfinge Animal imaginario que tiene cabeza, cuello y pecho de mujer, y cuerpo y pies de león.

esforzado Valiente, que pone mucho ánimo en lo que hace.

esfumarse Desaparecer, marcharse.

espabilar Quitar el sueño o despertar del todo.

espeluznante Que provoca mucho miedo, que pone los pelos de punta.

esplendor Situación en que algo ha alcanzado su mejor momento o su máxima perfección.

estable Que no está en peligro de caerse, moverse o sufrir cambios.

estaca Según su finalidad, palo que termina en punta por uno de sus extremos para fijarlo en el suelo o que puede utilizarse como bastón o arma.

estruendo Ruido que producen muchas personas hablando al mismo tiempo o simplemente un ruido muy fuerte.

exhibir Mostrar algo o mostrarse alguien en público.

exilio Abandono de su país al que se ve obligada una persona, generalmente por motivos políticos. Se refiere también al propio lugar y tiempo en los que una persona vive alejada de su país por esos mismos motivos.

exótico Algo o alguien raro, extraño, extranjero o procedente de un país lejano.

exportar Enviar productos propios de un país a otro, generalmente para que sean vendidos en él.

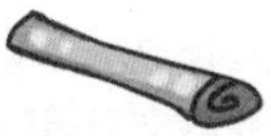

fardo Paquete o bulto grande formado por muchas cosas apretadas.

faz Cara de una persona. También se dice de la parte externa de una cosa.

fértil Que produce frutos en abundancia.

fervor Fuerza con que una persona siente sus ideas y creencias religiosas, y realiza algunos actos como rezar, oír misa, escuchar textos religiosos, etc. Fuera del ámbito religioso, es el gran entusiasmo o interés con que se hace algo, o también es la admiración o adoración que alguien siente por otra persona o una cosa.

festivo Alegre, divertido.

forcejear Hacer fuerza o esfuerzos para vencer a alguien en una lucha o para librarse de algo.

franja Tira o raya ancha dibujada, pegada o cosida en algún sitio, que sirve de adorno. En geografía se refiere a una zona alargada de un territorio (si miráis un mapa de la Comunidad o de la provincia de Madrid, veréis cómo en el sur hay una franja de su territorio que parece que entra en la provincia de Toledo).

frente o frente de batalla Territorio en que luchan los ejércitos en la guerra.

fugaz Que dura poco o que desaparece rápidamente.

fulminante Que sucede de repente y de forma muy rápida y tiene efectos inmediatos.

gélido, da Muy frío.

grabar Marcar algo sobre una superficie de piedra, madera o metal.

guerra civil La que se produce entre bandos del mismo país.

hacinar Juntar sin orden muchas personas o cosas en muy poco espacio.

harapo Trozo de ropa vieja, rota y sucia.

hierbabuena Planta de olor muy agradable, con flores azuladas que crecen agrupadas y fruto seco con cuatro semillas; se cultiva mucho en las huertas y se suele emplear para cocinar o para preparar té.

himno Composición poética o musical en honor o alabanza de algo o de alguien; por ejemplo, la que representa oficialmente a un país, un partido político o cosas parecidas.

hipocresía Forma de ser o de comportarse las personas que fingen sentimientos, ideas u opiniones contrarios a las que tienen de verdad, normalmente, para conseguir algo.

hipódromo Lugar donde se celebran carreras de caballos.

holgazanear Hacer el vago, estar sin hacer nada.

horda Pueblo o tribu de guerreros, generalmente muy violentos y que no respetan la autoridad, que no viven en un sitio fijo.

hostil Contrario, enemigo o poco agradable.

humanista Persona que se dedica a estudiar humanidades, como Historia, Literatura o Arte. El Humanismo es un movimiento cultural que surgió en Europa durante el Renacimiento, a partir del siglo XIV, y que pretendió recuperar la lengua, la literatura y la cultura de los antiguos griegos y romanos, con un interés especial en el hombre, frente a épocas pasadas, en las que se consideraba que todo giraba en torno a Dios.

iceberg Gran masa de hielo que flota en el mar, generalmente desprendido de un glaciar o de una costa helada, que avanza movido por las corrientes.

iluso El que es fácil de engañar o que fácilmente sueña con cosas que no se pueden realizar.

impaciente Aquella persona que está intranquila o nerviosa mientras espera algo.

implacable Que no se puede calmar o que no se deja ablandar.

impuesto Cantidad de dinero que hay que pagar obligatoriamente al Estado para que éste haga frente a las necesidades públicas, por ejemplo, construyendo carreteras, hospitales, escuelas u otros servicios que necesitan las personas.

inhóspito Dicho de un lugar, que es incómodo o poco agradable.

inmortalidad Característica de lo que no muere nunca o de lo que dura mucho tiempo porque siempre tendrá valor.

insolente Que habla o actúa con descaro, insultando o faltando el respeto a los demás.

insurrección Rebelión de un grupo de personas contra una autoridad.

intrépido Que no teme los peligros.

intriga Acción hecha en secreto y de forma astuta para lograr algún fin.

Julio Verne Escritor francés nacido en 1828 que está considerado como un precursor de la ciencia ficción, ya que se anticipó a numerosas conquistas científicas que se llevaron a cabo muchos años después. La mayoría de sus novelas son de aventuras, y las más destacadas son: *Viaje al centro de la Tierra*, *De la Tierra a la Luna*, *Los hijos del capitán Grant*, *Veinte mil leguas de viaje submarino*, *La vuelta al mundo en ochenta días*, *La isla misteriosa* y *Miguel Strogoff*, publicadas entre 1864 y 1876.

lámina Plancha delgada de metal o de cualquier material.

lema Frase que expresa un pensamiento que sirve de guía para que alguien actúe o se comporte de una manera determinada.

lugarteniente Persona que puede sustituir a otra en su puesto.

macabro Relacionado con la muerte y con las sensaciones desagradables que provoca.

malsano Malo para la salud.

maltrecho Que ha sufrido daños o se ha estropeado.

manipular Manejar objetos con las manos. También significa cambiar algo con disimulo para conseguir un beneficio personal. También, controlar con disimulo las opiniones y actuaciones de un grupo de personas, impidiendo que sean libres.

maraña Enredo de hilos, de pelos u otra cosa parecida.

marginado Aquel que es dejado de lado o tratado como si fuera inferior.

mártir Persona que sufre mucho o muere por defender su religión o sus creencias.

mediocre De calidad media, más bien mala, o de poco mérito o poco inteligente.

meditación Reflexión detenida y silenciosa sobre algo.

megafonía Técnica que se ocupa de aumentar el volumen de los sonidos. También es el conjunto de altavoces que, colocados de una forma determinada, aumenta el volumen del sonido.

milenio Periodo de mil años.

militante Que forma parte de un partido político o de una asociación.

mirarse al ombligo Es lo que hace alguien que alaba exageradamente sus cualidades y que se cree más importante que nadie y el centro de la atención de todos.

misericordioso Persona que siente lástima de los sufrimientos de los demás y que se ve impulsada a ayudarlos o a perdonarlos.

morada Lugar en el que alguien vive o reside.

mortaja Vestidura con que se envuelve un cadáver para enterrarlo.

mosaico Obra artística en la que se combinan pequeñas piezas de diversos colores y materiales, como piedra, vidrio o cerámica, para formar dibujos.

nirvana En la religión budista, estado de felicidad total que alcanza la persona por medio de la contemplación de Dios.

nómada Que no tiene un lugar fijo de residencia y se mueve de un sitio a otro.

obús Arma que sirve para lanzar bombas; es algo más corta que un cañón y su disparo alcanza menos distancia. Se llama también así al proyectil que se dispara con este arma.

osadía Valor para hacer cosas arriesgadas o atrevidas o la propia acción atrevida o arriesgada.

paisano Del mismo país, provincia o lugar que otro.

parapetarse Protegerse, resguardarse.

patrocinar Ayudar a alguien a apoyar una idea o acto.

península Tierra rodeada de agua por todas partes menos por una relativamente estrecha, que está unida a otra de mayor extensión.

perecer Morir.

pergamino Documento escrito sobre la piel de un animal que antiguamente se limpiaba y estiraba para utilizarla como si fuera papel.

perlas (de) Perfectamente, muy bien.

perplejo Que duda, está confundido y no sabe qué hacer o qué pensar acerca de algo.

piadoso Que actúa con bondad ayudando y perdonando a los demás.

pionero Persona que explora nuevas tierras.También es la persona que realiza los primeros descubrimientos o avances en alguna actividad o ciencia.

plegaria Oración o palabras que se dirigen a Dios, a la Virgen o a los santos para pedir algo.

polaina Prenda de vestir que cubre desde el tobillo hasta debajo de la rodilla.

polea Rueda movible, con el centro de su parte exterior un poco hundido para que pase una cuerda o una cadena. En uno de los extremos de la cuerda o de la cadena se ata un peso que se quiere levantar, mientras que se tira del otro extremo para subirlo sin demasiados esfuerzos.

predecir Anunciar algo que va a suceder.

predicador Que pronuncia discursos de tipo religioso.

prejuicio Opinión negativa que se tiene de alguien o algo sin conocerlo o sin motivo.

prelado Alto cargo de la Iglesia.

prender Capturar a alguien.

pretexto Causa falsa que se utiliza para hacer algo o por excusarse para no haberlo hecho.

principado Territorio que gobierna un príncipe.

proeza Acción importante o valiente de un personaje o un pueblo.

progreso Avance que hace que mejore la situación de algo o alguien.

prosperidad Buena situación social y económica.

protocolo Conjunto de reglas que deben seguirse en ciertos actos o con ciertas personas muy importantes.

proverbio Frase popular que expresa un consejo o un pensamiento.

pulga Insecto muy pequeño y oscuro que vive en la piel de otros animales, a los que chupa la sangre.

púlpito Lugar elevado que hay a un lado de algunas iglesias, desde donde antiguamente predicaba el sacerdote.

recopilar Recoger o reunir cosas que estaban separadas o en distintos lugares.

regañadientes (a) Se utiliza en la expresión *a regañadientes*, que significa «de mala gana, a disgusto, sin que apetezca».

regazo Parte del cuerpo de una persona sentada, comprendida entre la cintura y las rodillas.

registro Anotación de determinados datos.

regocijar Alegrar, causar gusto o placer.

relieve Lo que resalta sobre un plano.

remontar Navegar o nadar en contra de la corriente, subir una cuesta o superar algún obstáculo o dificultad.

remoto Alejado de un lugar o muy lejano en el tiempo.

represalia Daño que una persona causa a otra, como venganza o para responder a otro daño recibido. Esta palabra se utiliza también cuando un país toma medidas contra otro para castigarlo.

resplandor Brillo de algunas cosas.

retablo Obra de arquitectura compuesta por esculturas y cuadros, que se coloca como decoración en una iglesia, especialmente detrás del altar principal.

revelar Descubrir o manifestar lo que era secreto o no se sabía; *revelación* es lo que Dios dio a conocer a los hombres que por sí mismos no podían conocer.

ribera Orilla del mar o de un río.

rivalidad Enfrentamiento entre quienes intentan conseguir la misma cosa o superarse uno a otro.

rudo Duro, fuerte.

salmo Canto sagrado de los cristianos y de los hebreos.

sarcófago Caja, generalmente de piedra, donde se mete a una persona que está muerta.

sarraceno Natural de la antigua Arabia Feliz, actual país del Yemen o el que es mahometano.

segundón Coloquialmente, persona que ocupa un puesto o cargo inferior al más importante o de mayor categoría.

séquito Conjunto de gente que acompaña a una persona importante.

serpentear Moverse formando vueltas y ondas como la serpiente.

Simbad el Marino Personaje de origen persa que da título a una de las historias incluidas en la colección de relatos de *Las mil y una noches*, que narra las aventuras que protagoniza durante sus viajes por el océano Índico.

símbolo Objeto que representa algo que no es material.

socavón Hueco muy grande que se produce en el suelo cuando éste se hunde.

súbdito Ciudadano de un país que debe obedecer a las autoridades políticas de este.

sugerencia Idea que se da a alguien, que hace que le despierte el interés o que tenga sentimientos.

taciturno Que está callado porque está triste.

tenaz Que es muy firme y constante cuando se propone hacer algo.

teoría de la evolución Teoría científica que defiende que los seres vivos actuales proceden de un origen común, y que de manera diferente han ido evolucionando (esto es, cambiando o desarrollándose de forma lenta pero continuada). Sus principios fueron establecidos por el científico inglés Charles Darwin a mediados del siglo XIX.

terraplén Terreno en el que hay un desnivel.

tradición Conjunto de ideas, costumbres, obras u otras cosas transmitidas de generación en generación.

trazar Dibujar una línea.

trepidar Temblar con fuerza.

trópico Región comprendida entre los dos círculos o paralelos terrestres llamados de Cáncer, en el hemisferio Norte, y de Capricornio, en el hemisferio Sur.

turba Muchedumbre de gente que se mueve de forma desordenada.

ultramarino Que está al otro lado del océano.

ungüento Cualquier materia pastosa con la que se unta el cuerpo.

vagar Andar de un lado para otro, sin dirigirse a ningún sitio concreto.

vanidoso Que está muy orgulloso de sus cualidades y méritos, y presume de ellos para que sean reconocidos por los demás.

venerar Respetar mucho a una persona o a una cosa.

visionario Alguien que se adelanta a su tiempo o tiene visión de futuro. También puede ser alguien iluso.

visir Persona muy importante en el gobierno de los soberanos musulmanes.

visto bueno Palabras que se ponen al final de algunos documentos para indicar que la persona que las pone autoriza o da permiso para algo.

vuelta atrás Momento en que ya no es posible que el estado de las cosas siga funcionando como antes, o que algo ya no se puede recuperar.

zoco Plaza donde se coloca un mercado, típico de Marruecos y otras ciudades del norte de África, en el que se venden cosas variadas.

Fernando García de Cortázar, es el séptimo sabio de nuestro libro: el Sabio de las Palabras. Este gran escritor, catedrático de la Universidad de Deusto, sabe muchísimo de historia y sabe contarla muy bien. Es autor de más de cincuenta libros muy importantes, entre ellos *la Breve historia de España,* un auténtico bombazo. Acaba de publicar la *Pequeña Historia de los exploradores.* Su obra *Historia de España desde el arte* obtuvo el Premio Nacional de Historia en 2008.

Jvlivs, el Maestro de los Monigotes, es licenciado en Publicidad. Después de deambular por el mundillo publicitario, en un momento de locura se pasó al humor gráfico. Ha publicado sus dibujos en periódicos como *El Mundo* y revistas como *El Jueves.* Como ilustrador lleva ya muchos libros a sus espaldas, entre ellos *Mi primer Quijote, Pequeña historia de España* y *Pequeña Historia de la Música.*